인생을 바꾸는 기적의 꿈 노트

인생을 바꾸는 기적의 꿈 노트

초 판 1쇄 2022년 03월 18일

지은이 모중환
펴낸이 류종렬

펴낸곳 미다스북스
총괄실장 명상완
책임편집 이다경
책임진행 김가영 신은서 임종익 박유진

등록 2001년 3월 21일 제2001-000040호
주소 서울시 마포구 양화로 133 서교타워 711호
전화 02) 322-7802~3
팩스 02) 6007-1845
블로그 http://blog.naver.com/midasbooks
전자주소 midasbooks@hanmail.net
페이스북 https://www.facebook.com/midasbooks425
인스타그램 https://www.instagram.com/midasbooks

© 모중환, 미다스북스 2022, *Printed in Korea*.

ISBN 979-11-6910-005-2 03190

값 15,000원

꿈을 적는다는 것은 희망을 심는 것이나

인생을 바꾸는
기적의 꿈 노트

모중환 지음

미다스북스

당신은 가슴 뛰는 삶을 살고 있는가?
가슴 설레며 살고 있는가?

아마 나이가 들어갈수록 꿈도 희망도 사라지고 설렘은 오래전 이야기처럼 들릴지도 모르겠다. 더구나 언제 끝날지 모르는 코로나 팬데믹으로 절망의 터널에 갇혀 답답해하는 사람들도 많이 있을 것이다. 어둠이 깊어질수록 그만큼 빛은 더 밝게 보이는 법이다. 어려움을 극복하기 위해서는 어려움을 어떻게 생각하고 바라보느냐가 중요하다. 지금 겪고 있는 어려움의 무게는 생각하기에 따라 얼마든지 달라질 수 있다. 우리 모두 꿈을 가지고 지혜를 모아 그 꿈을 향해 나아간다면 지금의 어려움은 오히려 보약이 되어 내일의 기쁨을 가져다주리라 생각된다. 꿈을 이룬 많은 사람들은 현재의 약점이 내일의 강점이 되고 현재의 불행이 내일의 축복이 된다고 말한다.

지나온 나의 삶을 되돌아보면서 가장 기억에 남는 책은 바로 나에게 용기와 희망을 갖게 하는 책들이다. 그 중에서 성경은 생수와 같이 나에게 큰 영향을 주고 있다. 성경 속의 진리들은 하나님을 믿는 사람들이나 그렇지 않은 사람들에게 똑같이 적용된다는 사실을 깨달았다. 오히려 하나님의 진리의 말씀이라는 것을 알지 못한 채 성경 속의 말씀을 실천하는 경우가 많음을 알게 되었다. 그 중의 하나가 꿈을 이룬 사람들의 이야기이다.

성경 속 예수님께서 하신 말씀이다. "할 수 있거든이 무슨 말이냐 믿는 자에게는 능치 못할 일이 없느니라."(마가복음 9:23) 나는 이 말씀을 확실히 믿지는 못했다. 어쩌다 일어나는 일이지 나와는 거리가 있을 거라고 생각해왔다. 그런데 이 말씀은 하나님을 믿는 사람이든 그렇지 않은 사람이든 누구에게든지 똑같이 적용된다는 것을 알게 되었다. 그 중의 하나가 누구든지 말도 안 되는 꿈을 꾸고 그것을 노트에 적고 그것이 마치 이루어진 것처럼 행동하면서 그 꿈이 이루어질 때까지 실망하지 않고 노력하면 결국은 이루어진다는 것이다. 이와 같은 사실이 수많은 책들 속에 숨어 있는 것을 보면서 성경의 말씀이 진리라는 것을 확신하게 되었다. 하나님은 우리가 무엇이든 할 수 있다고 믿고 그것을 이루어내는 것을 통해 수많은 사람들에게 희망과 용기를 주고, 생명을 살리는 데 궁극적인 목표를 두기를 바라신다. 결국 나와 이웃에게 선한 영향력을 미칠 수 있기를 바라는 마음이라면 누구든지 마음껏 꿈을 꾸고 이루는 것이 참으로 복된 일이 되리라 생각한다. 실제로 세상에는 꿈을 이루고 나서 오히려 더욱 겸손하게, 남들이 알지 못하게 선을 행하는 사람들이 있다. 심지어 희망을 잃은 사람들에게 용기를 주고, 새로운 삶을 살아가도록 힘을 주는 사람들도 많이 있다. 지금 우리가 누리고 있는 자유와 편리함도 누군가가 꿈을 꾸고 그 꿈을 이룬 결과이다.

그렇지 않고 오직 자신만을 위한 꿈이라면 아무리 대단하다고 해도 결국 죽음 앞에서는 아무것도 아님을 깨닫게 될 것이다. 엄청난 돈과 명예를 얻고 나서 가난하고 힘없는 사람들을 무시하고, 돈이면 모든 게 다 된다는 마음으로 불법을 행하게 된다면 꿈을 이룬 것이 복이 아니라 독이 될 것이다. 실제로 말도 안 되는 꿈을 이루고 나서 교도소에 간 사람도 많다. 그리고 어마어마한 유산을 물려받은 자녀들이 서로 싸우고 법정에 가서 심판을 받고 결국 원수처럼 등을 돌리는 경우도 흔하다.

꿈에는 생명이 있다. 마치 살아 있는 과수처럼 자라고, 꽃이 피고 열매를 맺는다. 생명이 있다는 것은 특별한 것이다. 특별함은 그 안에서 성장하고 변화되는 것이다. 물이나 자양분이 없으면 자라지 못한다. 물론 햇볕도 없으면 죽게 된다. 계속해서 비료를 주고 물도 주고 관심을 주어야 한다.

구약성서에 "꿈이 없는 백성은 망할 수 밖에 없다."(잠언 29:18, 현대어 성경)라는 말씀이 있다. 살면서 그 자리에 안주하는 것을 경계한 말이다. 급변하는 시대를 살아가는 우리 모두의 가슴에 반드시 새겨야 할 말이라고 생각한다.

누구든지 현실을 무시할 수 없다. 그렇다고 현실에 묻혀 있으면 안 된다. 새로운 세계를 바라보며, 가슴을 뛰게 하는 새로운 꿈들을 가지고, 그 꿈이 현실이 되어 춤추는 경험을 끊임없이 해야 한다. 꿈은 우리의 영혼이 살아 숨 쉬고 있음을 나타내는 증거다. 나이가 들면서 몸과 마음이 굳어지면 꿈을 꿀 수 없다. 지난 허송세월을 아쉬워 하지 말아야 한다. 과거에 머무르지 않고 새로운 세상을 꿈꾸며, 미래를 향해 발걸음을 내딛는 것이다. 꿈으로 가슴이 뛰게 하는 것이다.

새로운 꿈을 꾸며 사는 사람, 아름다운 미래를 향해 달려가야 할 사람은 무엇보다 몸과 마음이 강건해야 한다. 그리고 꿈을 가지고 있으면 언제나 청춘이다. 미래를 향해 한 걸음 한 걸음 나아가는 걸음마다 젊음의 용기와 청년의 기상이 넘쳐나야 한다. 나에게도 내가 '청춘의 기상'으로 살아가며 자라기 시작한 꿈이 있다. 그것은 우리가 사는 이 세상, 특별히 미래를 이끌어 갈 젊은이들을 포함해서 수많은 사람들에게 꿈을 실어 나르는 꿈의 전도사가 되는 것이다. 무엇보다 우리 사는 세상이 조금이라도 더 밝아졌으면 하는 바람이다.

우리 모두 자기의 등에 짊어진 삶의 무게에 눌려 쓰러지지 않도록 서로 붙잡아 주기를 바란다. 힘이 들고 지칠 때 서로 그 짐을 나누어 지며 오래도록 함께 동행하는 '꿈의 동지'가 되기를 바란다. 그 바람을 이 책에 담았다. 지금까지 살면서, 많은 사람들이 나를 격려해주고 희망을 갖도록 도와주었다. 나 역시 그동안 나름대로 치열한 삶의 순간들을 살아왔다. 그러나 지나고 보니 그 순간들이 힘들었던 만큼 나는 겸손을 배우고 성장하게 되었다. 결국 참으로 은혜였고 감사한 시간들이었다. 그러면서 배우고 깨달은 것들이 있다. 그것은 바로 언제나 밝은 내일을 꿈꾸고 그것이 마치 이루어진 것처럼 실천하면 그대로 된다는 것이다.

　나는 책 쓰기에 대한 꿈을 지니고 있긴 했지만 내가 작가가 된다는 생각을 해본 적은 없다. 나는 원래 글을 잘 쓰는 사람이 아니다. 내가 쓴 글을 읽어 본 사람들이 여러 가지 부족한 점을 많이 지적하였기 때문이다. 그러나 많은 사람들이 책을 쓸 수 있다면 나도 가능한 일이라고 생각을 바꾸었다. 내가 국문학을 전공한 사람도 아니고, 글을 전문적으로 쓰는 사람도 아니기 때문에 비록 어순이나 문법상으로 맞지 않아도 부끄러운 일이 아니라고 스스로에게 선언을 했다. 그러다 어느 독서모임에서 새해에 원하는 일이 한 권의 책을 쓰는 것이라고 선언하기도 했다. 나의 글을 읽는 사람들에게 꿈과 희망, 기쁨을 주고 싶다는 마음으로 나의 책 쓰기에 대한 꿈이 꼭 이루어지기를 기도했다. 그리고 나서도 이런 저런 핑계로 포기하고 말았다. 그래도 언젠가는 꼭 책을 써야겠다는 소망의 불씨는 끄지 않았다. 이 책은 그 작은 소망의 결과이다.

우리는 무엇이든지 할 수 있고, 뭐든 새로 시작할 수 있다. 가슴을 뛰게 하는 꿈이 있고, 그 꿈에 힘을 실어주는 사람들이 곁에 있다면, 언제나 청춘의 기운이 넘치게 될 것이다.

당신이 바라는 것이 무엇인가? 그 바라는 것들을 노트에 적어보고 날마다 그것이 이루어진 것처럼 상상하고 행동하기 바란다. 그 꿈이 이루어지는 상상으로 당신이 설레이길 바란다. 머지않아 당신도 꿈을 이루고 또 다른 사람들에게 또 다른 희망의 불씨를 전하게 되기를 바란다. 이 책이 꿈을 잊고 살아가는 사람들과 특별히, 젊은 청춘들이 새로운 꿈을 갖게 하고, 그 꿈을 이루는 데 도움이 되었으면 좋겠다. 내일을 향해 땀을 흘리며 부지런히 달려가는 모든 이들에게 시원한 냉수 한 잔이 되었으면 좋겠다.

2022년 3월 봄의 문턱에서
모중환

목차

1장

하늘이
두 쪽 나도
이루어야 할
꿈이 있는가?

01

특별한 사람만이 꿈을 이룰 수 있을까?

꿈은 쉽게 이룰 수 없는 매우 힘든 일이다. 예를 들어, 학교에서 꼴찌를 하는 학생이 서울대학교에 합격하는 일처럼 말이다. 불치병에 걸린 사람이 완전히 치유되거나, 한글도 모르는 무일푼 외국인 노동자가 한국에서 재벌이 되는 일처럼 말이다. 보통 사람들이 불가능하다고 여기는 모든 일이다.

그 반대의 경우도 있다. 학교에서 1, 2등 하는 학생이 지방 대학에도 들어가지 못하고, 누구나 인정하는 천재 중의 천재가 대학이나 사회생활에 적응조차 하지 못하는 일처럼 말이다. 날 때부터 금수저였던 사람이 거지가 되는 경우처럼 말이다. 그런데 이와 같은 일들이 일어날 수 있지만 불행한 일을 꿈으로 생각하는 사람은 없을 것이다.

얼마 전 베스트셀러가 된 『입시공부법의 정석』 저자로, 축구 선수였던 김경모 씨가 바로 그런 경우다. 그는 전교 꼴찌를 하다 서울대학교에 합격한 사람이다. 그는 서울대 합격 비법으로 "첫째, 명확한 목표, 둘째, 제대로 된 공부법, 셋째, 목숨 건 노력, 이 세 가지다. 이것이 골든 서클이다!"라고 주장한다. 그리고 책 표지 맨 위에다 '서울대는 머리가 아니라 간절함으로 간다.'라고 적어놓았다.

너무 뻔한 이야기라고 말하는 사람들이 많을 것이다. 그리고 본인과는 거리가 먼 이야기라고 말할 수도 있겠다. 그런데 가슴 깊이 새겨보아야 할 말이 있다. 그것은 바로 '간절함'과 '명확한 목표'다. 이 말을 가슴에 담고 실천하게 되면, 그의 이야기가 당신의 이야기가 될 수도 있다. 꿈을 이루는 데 갖춰야 할 필수 항목은 '간절함'과 '명확한 목표', '꿈을 이루는 제대로 된 법' 그리고 '목숨 건 노력'이라고 말해주고 싶다.

이 말들은 전교 꼴찌가 주장했던 것인 만큼 진실이라고 말하고 싶다. 학생 대부분은 자신의 현재 실력에 맞추거나, 조금 높게 목표를 정하는 것이 현실이다. 생각대로 사는 것이 아니라, 사는 대로 생각하는 것이다.

〈한책협〉의 김태광 대표는 흙수저로 태어났다. 그리고 반에서 꼴찌를 도맡아 할 정도로 공부를 잘하지 못했다. 지능지수도 평균보다 훨씬 낮다고 한다. 그런 그가 대한민국 대표 책 쓰기 코치, 출판 기획자로서 250여 권의 저서를 출간했다. 또한, 그의 글들은 초·중·고등학교 16권의 교과서에 수록되었다. 그동안 저술과 강연을 통해 1,100여 명의 작가와 강연가, 코치, 컨설턴트를 양성하기도 했다. 2019년 12월에는 미국 뉴욕에 진출해 책 쓰기 교육과 특강을 진행하기도 했다.

이렇게 자수성가한 성공자로서 성공학, 부자학을 전파하고 있다. 그 역시 자신이 이처럼 꿈을 이룬 것은 '간절함'과 '명확한 목표', '꿈을 이루는 제대로 된 법', 그리고 '목숨 건 노력' 때문이라고 강조한다.

이 밖에도 이 세상에는 불가능하다고 믿어왔던 것들이 현실이 되는 예가 너무나 많다. 현재 우리가 누리고 있는 모든 일상 중 상당한 부분이 불과 10년 전만 해도 불가능하다고 여겨졌던 것들이다. 공상과학 영화에서나 볼 수 있었던 일들이 현실에서 실제로 일어나는 경우가 셀 수 없이 많다. 지금 이 순간에도 꿈 같은 일들이 현실에서 일어나고 있다.

왜 그럴까? 꿈을 이룬 사람들은 태어날 때부터 특별한 사람들이었을까? 혹시 여러분들에게도 꿈이 있는지 묻고 싶다. 바로 대답할 수 없다면 꿈이 없는 것이다. 그러나 이루 말할 수 없이 어려운 환경에 처한 사람들에게는 반드시 이루지 않으면 안 될 꿈이 있다. 현재 말기 암으로 투병 중이거나, 무일푼 노숙자로 하루하루 살아가거나, 원하는 시험에 여러 번 떨어져 재도전하고 있는 사람들이 그들이다. 물론 이와 같은 예는 극단적인 예다.

온 인류의 안전과 건강, 즐거움, 평화를 위해 아름다운 꿈을 꾸고 있는 수많은 사람이 있다. 오늘날 우리가 사는 세상이 편리하고 아름답고 즐겁다면, 그것은 바로 말도 안 되는 꿈을 꾸고 그 꿈을 이룬 사람들이 있었기 때문이다.

불치병이라고 여겨졌던 폐병이 이제는 쉽게 치유되고, 암도 조기에 발견하면 쉽게 치유된다. 또한, 세계 어느 곳에 있어도 아주 빠르게 소식을 서로 주고받을 수 있다. 목소리를 듣고 싶으면 언제든지 들을 수 있고, 보고 싶으면 언제든지 볼 수 있는 그런 세상이다.

이렇게 실시간으로 소식을 주고받는 것은 물론이고, 생활에 필요한 다양한 정보들도 쉽게 얻을 수 있는 세상이다. 사람들이 불가능하다고 여겼던 일들이 예전보다 훨씬 빠르게 실현되고 있다.

주위를 둘러보라! 여러분이 앉아 있는 의자, 방 안에 있는 침대, 책상, 모든 가구, 살아가고 있는 집, 다니는 길, 자동차, 세상 모든 것들이 바로 누군가 꿈꾸고 상상한 결과로 만들어졌다.

코로나바이러스감염증-19(코로나19, COVID-19)는 SARS-CoV-2가 일으키는 중증 호흡기 증후군이다. 2019년 12월에 전 세계적으로 퍼져나

가면서 유행병으로 자리 잡았다. 2022년 3월 10일 기준으로 우리나라에서만 553만 9,650명이 감염되었다. 전 국민의 약 10.8%가 코로나19에 걸린 셈이다. 다시 말하자면 코로나19 바이러스는 전 국민의 10.8%의 몸에 성공적으로 침투했다. 그렇다면 코로나에 걸리지 않은 나머지 89.2%의 사람들에게는 아무 일도 일어나지 않았을까?

코로나19 바이러스는 전 국민의 마음과 생활 속에 잠입해 너무나 많은 영향을 미치고 있다. 평범한 일상들이 사회적 거리 두기로 제약을 받으면서 사람들은 우울감과 무기력증을 느끼고 있다. 코로나19 확산이 오랫동안 지속되면서 사람들은 더 많은 우울과 불안으로 괴로워하고 있다.

사상 초유의 감염병 사태는 가정과 사회에 경제적인 위기를 몰고 왔다. 더욱이 청소년들은 성인과 비교해 감염병에 대한 이해가 부족하고 관련 정보를 얻는 것 또한 어렵다. 따라서 감염병 위기 상황에서 자신을 보호할 수 있는 대처 능력이 부족할 수밖에 없다. 성인들에게 의존적일 수밖에 없는 미성숙한 아동·청소년들은 결국 이러한 국가 재난 상황에서 정서적으로 더 큰 고통을 받을 수밖에 없는 취약 계층이다.

국가인권위원회에서 실시했던 설문 조사 결과를 보면, 32.4%의 청소년이 '코로나19 사태로 인해 이전보다 더 우울하다'고 응답했다고 한다. 초등학생의 28.7%, 중학생의 27.6%, 고등학생의 39.7%가 코로나 우울을 경험한 것으로 조사되었다고 한다.

그러므로 코로나19 바이러스 예방과 치료제 개발은 반드시 이루어져야만 하는 꿈 같은 일이다. 하늘이 두 쪽 나도 이루어져야만 하는 꿈 같은 일이다. 그런데 지금 코로나19 백신이 개발되어 많은 사람이 예방주사를 맞고 있다. 나 역시 두 차례 예방주사를 맞았다. 조만간 치료제도 생산된다고 한다. 사람들 대부분은 이처럼 꿈 같은 일들이 어쩌면 당연하다고 생각한다. 코로나19 백신 개발은 당연하게 이루어질 것으로 생각해왔다. 그러나 백신과 치료제는 소수의 몇 나라에서만 개발되고 있다.

어떻게 이처럼 꿈 같은 일들이 일어나는 것일까? 사람들 대부분이 당연하다고 느끼는 일들이지만 정작 개개인들에게는 불가능한 일이다. "불가능이 무엇인가는 말하기 어렵다. 어제의 꿈은 오늘의 희망이며, 내일의 현실이기 때문이다." 로버트 고다드가 한 말이다. 이처럼 꿈을 가지고 있는 자만이 꿈 같은 일들을 이루어내는 것이다.

나 역시 평범하게 하루하루 열심히 살아왔다. 지금 내 나이 만 61세다. 은퇴할 날도 머지않았다. 나와 비슷한 또래의 많은 이들이 현역에서 물러나 하루하루를 힘겹게 살아가고 있다. 꿈이 없는 사람일수록 더욱 그렇다. 하지만 꿈이 있고, 그 꿈을 향해 달려가는 사람들은 그렇지 않을 것이다.

나는 이제부터라도 꿈을 만들고 죽을 때까지 꿈을 좇으며 살려고 한다. 그중의 하나가 글을 쓰는 일이다. 마음으로만 원했지, 그 꿈을 적고 고백하기 전에는 잘 되지 않았다. 그러나 그 꿈을 적고 선언하자 이렇게 글을 쓰고 있는 나를 발견하게 된다.

당신에게는 이루지 않으면 안 될 꿈이 있는가? 있다면 지금이라도 꿈을 노트에 적고 반드시 이루어진다고 믿으며 선언해보자. 꿈이 이루어질 때까지 그것을 매일 반복해보라. "꿈을 계속 간직하고 있으면 반드시 실현할 때가 온다." 철학자 괴테가 한 말이다.

02

반드시 성공하는 삶을 살고 싶은가?

누구에게나 성공에 대한 갈망이 있다. 물론 성공에 대한 기준은 나이에 따라서, 사람에 따라서 그리고 환경에 따라서 다르다. 나라마다, 가지고 있는 철학이나 종교에 따라 다를 수도 있다. 그러나 공통점은 성공하면 현재 처한 형편보다는 훨씬 더 좋은 상태가 된다는 것이다.

운동선수에게는 올림픽 챔피언이나 세계 챔피언이 되는 것이 성공일수 있다. 또한, 프로 선수가 되고, 연봉도 최고로 많이 받는 유명 선수가되는 것일 수도 있다. 직장인에게는 최고 경영자가 되는 것, 입시를 앞둔학생이라면 원하는 최고의 대학에 합격하는 것일 수도 있겠다.

어떤 기준이든 현재보다 훨씬 더 좋은 삶을 위해서는, 즉 성공을 위해서는 반드시 해야 할 일이 있다. 그것은 누구나 다 알고 있는, 최선의 노력보다 먼저 해야 하는 일이다. 바로 생각하는 일이다.

세계 최강의 정신력으로 무장한 세계챔피언들의 4가지 마인드는 어느 분야에든지 적용되어 성공의 길로 나아가도록 해준다. 그것은 오로지 1등만을 생각하며, 1등을 한 모습을 생생하게 그리는 것이다. 그리고 그것을 선포하고 마치 성공한 사람처럼 행동하는 것이다. 그러면 우리의 뇌는 자신을 성공한 사람으로 인식하게 되고 결국 1등을 하게 되는 것이다.

우리 대부분은 국가 대표도, 프로 운동선수도 아니지만, 챔피언의 마인드는 누구나 가질 수 있다. 성공한 사람처럼 생각하는 법을 배울 수 있다. 인생이라는 시합에서 좋은 성적을 내기 위해선 처음부터 금메달을 목표로 해야 한다. 은메달에 만족하지 않아야 금메달을 쟁취하기 위해 더 큰 노력을 경주할 수 있는 것이다.

2012년 런던올림픽 금메달리스트 조던 브로우즈는 "내 눈에는 오직 금메달만 보였다."라고 고백했다. 그는 금메달이라는 목표를 주문처럼 외우고 다녔다고 한다. 그리고 눈 앞에 펼쳐질 일을 최대한 긍정적으로 바라보고 가장 열망하는 결과를 위해 온몸을 불태웠다고 한다.

이는 비단 운동에만 국한되지 않는다. 지금보다 훨씬 더 좋은 곳을 향하는 마음을 갖는 것이야말로 성공한 사람이 되는 지름길이다. 2, 3등에 만족하는 마음가짐과 오로지 1등만을 목표로 하는 마음가짐에는 큰 차이가 있다. 결과적으로 큰 격차가 벌어지게 되는 것이다. 2, 3등을 목표로 하는 순간 3등 안에도 못 들게 된다는 점을 명심해야 한다.

　1등을 위해서는 기꺼이 배우고 성장하겠다는 마음가짐이 필요하다. 인생에서 성공하고 싶은 마음이 간절하고 이를 실천에 옮기고 싶다면 성공의 열쇠는 이미 손안에 있는 것과 마찬가지다. 부정적인 태도로 성공에 필요한 최선의 노력을 하겠다는 의지가 없다면 시상대와는 멀어질 수밖에 없다.

　태어날 때부터 탁월한 사람이었다 하더라도 그 재능을 활용하지 않으면 아무 소용없다. 최고를 목표로 한다면 아직 개선의 여지가 많음을 믿어야 한다. 여러분은 지금 어느 수준에 오를 만큼 몸과 마음을 바치고 있는가? 인생에 있어 지금 수준이 어떻든 최고가 될 가능성이 없다고 속단해서는 안 된다. 우리는 누구나 더 잘할 수 있다. 숨어 있는 잠재력을 일깨울 수 있다.

　성공하겠다는 간절함을 가지고 실천해 엄청나게 성공한 사람들은 무수히 많다. 그중 한 사람이 바로 한인 최초의 글로벌 외식 그룹인 스노폭스(Snowfox)의 김승호 회장이다. 스노폭스사는 전 세계 11개국에 3,878개의 매장과 1만여 명의 직원을 거느린 글로벌 기업으로 자리매김했다. 연 매출 1조 원의 목표를 이루고 미국 나스닥 상장을 앞두고 있다.

김승호 회장은 외식 기업 이외에도 출판사와 화훼 유통업, 금융업, 부동산업 회사를 소유하고 있다. 글로벌 외식 그룹의 대주주로서 한국과 미국을 오가며 활동하고 있다. 미국 중견기업인협회 회장을 역임하기도 했고, 중앙대학교 글로벌 경영자 과정 교수로 활동하기도 했다. 그렇게 지난 5년 동안 3,000여 명의 사업가 제자들을 양성했다.

그는 불과 10여 년 전만 해도 아버지가 사업에 실패해 망한 집안의 장남이었다. 허리가 24인치인 말라깽이였고, 대학도 2지망으로 합격한 데다, 등록금도 없어 빌려야만 했다고 한다. 내성적이어서 사회성도 부족한 그는 누가 봐도 오늘날 이렇게 성공하리라 예상할 수 없는 사람이었다.

그런 그가 대학 중퇴 후 미국으로 건너가 흑인 동네 식품점을 시작으로 이불 가게, 한국 식품점, 지역 신문사, 컴퓨터 조립회사, 주식 선물거래소, 유기농 식품점 등을 운영하며 실패를 거듭하였다. 그러다 2005년, 한 식당 체인점을 6억 원에 분납 조건(Owner Financing)으로 인수한 후 성장시켜 2008년 매장 수가 100개를 돌파하였고 이어 미 전역에 1,000여 개의 매장을 가진 회사로 성장시켰다.

그가 이렇게 성공한 비결은 바로 20대 초반에 꿈을 이루는 비밀을 알게 된 데 있다. 그 비밀을 실천한 결과 오늘날 참으로 행복한 성공자가 될 수 있었다고 그는 말한다. 그러면 과연 그 비밀이란 건 무엇이었을까? 그것은 아주 간단하고 누구나 실천할 수 있는 것이다. 바로 '생각의 힘'이다. '생각은 물리적 현상으로 발현될 수 있다.'라는 것이다 (Thoughts become Things). 이것이 바로 성공의 비밀이라는 것이다.

그래서 그는 성공하려면 먼저 명확한 목표와 그것이 이루어질 수 있다는 신념을 가지고 있어야 한다고 주장한다. 그리고 목표를 종이에 적는 것부터 시작하라고 한다. 적는 그 자체에 엄청난 힘이 있기 때문이라는 것이다. 또한, 그는 적어놓은 그 목표를 매일 보는 것 역시 상당한 힘이 있다는 것을 깨달았다고 한다.

실제로 그는 사업체 매장이 1개였을 때 매장을 300개로 늘리겠다는 목표를 정했다고 한다. 그러곤 이메일 패스워드를 '매장 300개'로 해놓고 메일을 열어 볼 때마다 자연스럽게 목표를 적고, 생각하며 자극을 받았다고 한다. 꿈을 적고 읽는 것만으로도 자신의 꿈에 현실적으로 접근할 수 있었던 것이다. 그리고 그는 간절히 바라고 원하는 일이 있는 경우 그것을 매일 100번씩 썼다고 한다. 지금까지 여덟 차례 정도 실천한 결과 그가 원하는 대부분을 이루었다고 한다.

명확한 목표를 세우고 그것을 종이에 쓰면 현실로 이루어진다는 사실을, 그것도 여덟 번 이상이나 직접 경험하게 된 것이다. 이 글을 읽고 있는 여러분이 이 이야기를 그저 남의 이야기로 흘려버린다면 아무런 소용이 없다. 대부분이 그럴지도 모른다. 그러나 바로 나의 일이라고 생각하고 실천한다면 여러분의 삶은 백팔십도로 바뀌게 될 것이다. 그러기 위해서 먼저 자신을 알고 자신의 꿈과 목표를 명확하게 적어보자. 그리고 그것을 날마다 바라보자.

    1953년 예일대학교(미국 코네티컷주)의 한 연구팀이 그해 졸업반 학생들을 대상으로 삶의 분명한 목표를 글로 써서 가지고 있는 학생이 얼마나 되는지 조사했다. 그러곤 20년이 지난 1973년 이들을 대상으로 한 추적조사를 시행했다. 그러자 글로 쓴 목표를 가지고 있었던 3%의 학생들이 소유한 부가 나머지 97%의 학생들 모두의 재산을 합친 것보다 더 많다는 사실이 확인되었다고 한다.

    실제로 성공한 수많은 사람들, 심지어 대통령까지도 목표를 종이에 적고 그것을 날마다 생각해 원하는 모습이 될 수 있었다고 한다. 성공하기 위해선 자신에게 어울리는 명확한 목표가 중요하다. 생각만의 목표보다는 잘 보이는 곳에 목표를 적어두고, 그것을 매일 바라보기 바란다.

    당신이 어떤 생각, 어떤 목표를 가졌는지는 모르겠지만, 이 글을 읽고 있는 것만으로도 다른 사람보다 목표에 도달할 수 있는 확률이 높아졌다고 할 수 있다. 성공의 비밀이란 것을 별것 아닌 것으로 생각할 수도 있다. 그러나 위대한 행동들은 아주 작은 차이에서 비롯된다. 바로 생각, 태도, 습관의 차이가 나중에 엄청난 결과를 가져오는 것이다. 이 말이 사실인지는 여러분 스스로 실천해보면 확실히 알 수 있게 될 것이다.

    목표를 적는다는 것은 꿈의 씨앗을 심는 것과 같은 것이다. 생각은 물리적인 현상으로 우리의 꿈을 종이에 적었을 때 물리적인 실체로 나타나게 되는 것이다. 이 씨앗에 어떻게 하는 것이 물을 주고, 햇볕도 주고 영양분도 주는 것일까? 그것은 바로 꿈과 목표를 지속해서 생각하는 것이다. 지속해서 생각하다 보면 꿈이 자라나고, 잎이 나고, 결국 열매를 맺게 되는 것이다.

여러분이 중도에 포기하지 않는 한 그 씨앗은 절대로 죽지 않는다는 것을 기억했으면 한다. 마치 한 겨울 얼어붙은 땅속 깊이 숨어 있는 수많은 생물과 같은 것이다. 날씨가 따뜻해지고, 비가 오면 다시 자라고, 열매를 맺는 것과 같은 것이다.

대학 때 나는 스스로 '너는 잘될 수밖에 없어.'라고 막연하게 외치며 살아왔다. 그러나 구체적으로 무엇이 되어야겠다고 적거나 생생하게 상상한 적은 없다. 그때 확실한 목표를 가지고, 그 목표를 종이에 적고 날마다 들여다보았으면 어땠을까 하는 아쉬움이 있다.

하지만 지금이라도 알았으니 얼마나 다행인지 모르겠다. 성공을 향한 마음이 있다면 지금 바로 그것이 이루어진 것처럼 그 목표를 적어보고 날마다 외쳐보자. 그리고 성공한 사람처럼 행동하자. 그러면 여러분은 이미 성공한 사람이다.

03

꿈은 하나님이 인간에게 던져준 숙제이다

"너는 이다음에 커서 무엇이 될래?" 혹은 "너의 꿈은 뭐야?"라는 말들은 어린이들에게 많이 하는 질문이다. 그리고 "꿈이 있어야 한다. 꿈을 꾸고 꿈을 향해 도전하라!"라는 말들을 많이 한다.

누구에게나 꿈에 대한 로망이 있다. 어떤 이들은 평생 꿈만 꾸다 가는 것인지도 모른다. 그래서 사람들 대부분은 주어진 현실을 앞에 두고 꿈을 꾼다는 등의 이야기는 사치라고 생각한다. 그렇지만 여전히 꿈을 꾸고 꿈에 도전하고, 그 꿈을 이루어가는 사람들도 많이 있다.

나도 꿈속에서 행복하고 영원히 깨어나지 않았으면 하는 꿈을 가끔 꾸곤 한다. 꿈은 이렇게 나이와 아무런 관계없이 늘 내 곁에서 떠나지 않고 나를 설레게 한다. 그러다가 가끔은 나는 왜 아직 꿈만 꾸고 있지 하고 한숨을 쉴 때도 있다. 나이가 들면서 꿈 같은 이야기는 내게서 점점 멀어져가다가 다시 돌아와 나를 설레이게 한다. 그러나 꿈 같은 일은 나와 상관없고 그저 주어진 대로 열심히 사는 것이 가장 바람직한 것으로 생각해왔다.

나는 20대에 하나님을 인격적으로 만났다. 그리고 지금까지 교회에 열심히 다니고 있다. 특별한 일이 없는 한 주일예배를 빠진 적이 없다. 지금도 거의 매일 새벽예배에 참석한다. 온 우주 만물을 창조하신 하나님을 믿기 때문이다. 내가 기도한 것은 모두 받은 줄 믿는다고는 하지만 실상은 믿지 못하는 부분이 많다. 아니, 그저 내 경험 범위 안에 있는 것들만을 믿는다. 인간의 힘으로 어찌할 수 없는 일들은 무수히 많이 있다. 그렇기에 무사안일을 위해서만 기도해오고 있다. 그러나 지금까지 그 기도대로 하나님께서 인도해주셨다. 목표를 정해놓고 기도하고, 어려움에 부딪히면 쉽게 포기한 일이 많았다. 때로는 주위 사람들을 탓하고 원망하기도 했다. 가끔은 하나님을 원망할 때도 있었다. 그러나 결국 모든 일은 하나님의 은혜로 됨을 믿고 감사하며 살아오고 있다. 지금까지의 삶을 돌아보면, 모든 것이 감사요, 은혜로 채워져 있다. 그러나 그뿐이다.

내가 살면서, 얼마나 많은 사람에게 선한 영향을 미치고 있는지, 하나님께서 원하시는 귀한 믿음의 삶인지 생각해보면 부족함이 많다. 매일 아침 여러 사람을 위해 중보 기도 하는 일밖에 없다. 그것도 참으로 귀하고 소중한 일이기에 하루도 빠지지 않으려 한다. "믿는 자에게는 능치 못함이 없느니라"라는 말씀을 믿는다. 하지만 지금까지 내 노력으로 살려고 한 것 같다. 믿음대로 살지 못하고, 그저 믿음으로 살려고 흉내를 내며 몸부림치며 살아온 것 같다.

"내가 진실로 너희에게 이르노니 누구든지 이 산더러 들리어 바다에 던져지라 하며 그 말하는 것이 이루어질 줄 믿고 마음에 의심하지 아니하면 그대로 되리라 그러므로 내가 너희에게 말하노니 무엇이든지 기도하고 구하는 것은 받은 줄로 믿으라 그리하면 너희에게 그대로 되리라" (마가복음11장 23~ 24절) 교회를 다니지 않는 사람들도 이 말씀대로 실천하여 성공을 이룬 사람들이 많다. 정작 교회에 다니는 사람들은 그 말씀을 확실히 믿는다고 하지만, 실제로는 믿지 않는 경우가 많다. 교회를 다니지 않은 사람들이라도 성공을 갈망하고 그 말을 진리로 믿고 실천하고 있다. 바로 원하는 바를 확실히 믿고 구하면 그대로 된다는 사실을 실천하고 있는 것이다. "나는 나비처럼 날아서 벌처럼 쏜다."라는 말은 헤비급 복싱 세계챔피언으로 유명한 알리가 한 말이다. 그는 경기를 치르기 전 "나는 반드시 이길 것이다."라고 확신 있게 말하고 시합을 하였다.

그리고 챔피언이 되고 나서 그는 이렇게 말했다. "내가 최고가 될 수 있었던 것은 반은 실력이고, 반은 말의 힘이다." 그만큼 원하는 바를 믿고 선언하는 것은 중요한 것이다.

성경 말씀(창세기 1:28)에 "하나님이 그들에게 복을 주시며 그들에게 이르시되 생육하고 번성하여 땅에 충만하라, 땅을 정복하라, 바다의 고기와 공중의 새와 땅에 움직이는 모든 생물을 다스리라 하시니라"라는 구절이 있다. 하나님은 천지의 창조주이며 전지전능하고 영원한 존재로서, 우주 만물을 섭리로 다스리시는 초자연적인 절대자이시다. 불가사의한 능력으로 선악을 판단하고 길흉화복을 인간에게 내리시는 분이시다. 복이라고 함은 삶에서 누리는 좋고 만족할 만한 행운 또는 거기서 얻는 행복이라고 할 수 있다. 하나님은 자녀들을 많이 낳고, 성하게 퍼져서 온 땅에 충만하게 하라고 명령하신다. 땅을 정복하라고 함은 남의 나라나 이민족을 정벌하여 복종하도록 하는 뜻도 있겠지만, 다루기 어려운 여러 가지 많은 일을 극복하거나, 우리의 생활에 불편한 여러 가지 일들을 지혜롭게 극복하라는 뜻도 된다. 우리 인류는 유사 이래 계속 발전을 거듭한 결과 오늘날과 같이 전 세계를 짧은 시간 내에 빠르게 이동한다. 산이 아무리 높거나 바다가 깊어도 그에 굴하지 않고, 마침내 그것들을 정복하고 문명사회를 만들었다. 누구든지 자기의 삶을 더 풍성하게 누릴 수 있도록 창조되었다. 그리고 하나님은 성경의 여러 곳에서 생육하고 번성하며, 온 땅에 충만하라고 명령하신다. 그리고 이와 같은 명령은 너 나 할 것 없이 우리 모두에게 해당된다.

이와 같이 꿈은 하나님께서 우리에게 주시고 이루시라고 명령하신 숙제이다. 그리고 하나님은 우리 모두에게 그렇게 할 수 있는 능력도 주셨다. 실제로 하나님께서 우리를 만드실 때 우리가 생각하는 그대로 살아갈 수 있도록 만드셨다. 바로 그것을 가능하게 하는 역할을 하는 것이 우리의 뇌라고 한다. 뇌가 사람의 마음과 태도를 변화시키기 때문이다. 뇌는 우리 몸의 질병, 부정적인 감정과 에너지, 잘못된 습관을 변화시켜 행복, 성공, 건강 3가지 모두를 성취할 수 있도록 돕는다는 것이 과학적으로 증명이 되었다. 전두엽은 대뇌 앞부분에 가장 넓은 면적을 차지하며 인간의 신경계에서 가장 진화한 부분이다. 주로 기억력, 추리, 운동, 계획, 감정, 문제 해결 등을 주관한다. 정상적인 인간의 모든 특성을 변화시키는 부위다. 이와 같은 기능은 우리 모두에게 꿈과 목표 의지를 현실로 만드는 능력을 부여하고 앞을 내다보고 행동할 수 있도록 한다. 결국, 자신만의 개성을 유지하면서 꿈을 이루도록 한다는 것이 증명된 것이다. 의지와 주의집중을 돕는 전두엽의 능력은 인간을 만물의 영장이 되도록 한 것이다.

숙제란 하지 않으면 언제나 부담이 되는 그런 것이다. 하지 않으면 손해가 되는 그런 것이다. 그런데 저마다의 꿈을 만들고 꿈을 이루어가는 숙제는 해도 그만, 하지 않아도 아무런 불이익을 받지 않는다. 그러나 잊을 만하면 불쑥불쑥 튀어나와 가슴을 설레게 하고 또는 실망, 체념을 안겨주는 꿈은 묘한 힘이 있다. '꿈'은 사전적으로 이루고 싶은 희망이나 이상, 혹은 실현될 가능성이 매우 낮거나 전혀 없는 헛된 기대나 생각으로 정의하고 있다. 꿈은 우리가 살아가면서 현실에서 이루고 싶은 희망이나 이상이다. 그런데 사람들 대부분은 꿈을 사회적으로 큰 명성을 얻거나, 자신의 직장에서 최고 위치에 오르는 것으로만 생각하고 있다. 그러니까 그것은 일부만 이룰 수 있고 일부는 중도에 탈락하거나 포기할 수밖에 없는 시스템이다. 그런데 하나님은 우리에게 공평하게 꿈을 가지고 이룰 수 있는 숙제를 주셨다. 누구든지 실현하고 싶은 꿈과 희망을 가질 수 있는 것이다. 그리고 그것을 이루어가는 즐거움과 기쁨도 누리도록 하셨다. 그런데 꿈은 매우 명확하고, 뒤끝이 있어, 그것을 하지 못하면 계속해서 우리 뒤를 따라다닌다. 그리고 꿈은 우리의 마음 한구석에 웅크리고 있다가 언제든지 나타나 설렘도 주고 아쉬움도 준다.

어차피 해야 할 숙제라면, 사는 동안 계속 따라다니는 과제라면, 우리에게 부담을 준다고 해서 외면한다고 되는 것은 아니다. 나중에 그때 할걸…. '걸걸걸' 하고 후회하지 않으려면 그 숙제와 마주 보고 과감하게 맞서야 한다. 나이가 어릴수록, 특별히 20대 청춘이라면 더욱더 그렇다. 꿈이란 마냥 가슴이 설레는 그런 것이 아니다. 꿈을 갖고 이루려고 결심한 이상, 꿈의 맷집을 키워야 한다. 어차피 부딪혀야 한다면, 그 꿈으로 인한 아픔도 위기도 어떠한 역경도 헤쳐나갈 확고한 다짐이 필요하다. 꿈을 이루기 위해서 꼭 필요한 과정이다. 사실, 꿈이 있으나 없으나, 살아가면서 힘들고 불편한 것은 누구에게나 있다. 그런데 꿈을 위해서라면, 꿈이 이루어진다고 믿는다면, 같은 어려움이라도 다르게 느껴진다. 그 꿈이 하나님께서 자신에게 맡겨준 숙제라 생각하면 반드시 그 꿈도 이루어진다. 내가 하고 싶고 이루고 싶은 것이 무엇인지 적어보자. 그리고 할 수 있다고 외쳐보자. 그것이 이루어졌을 때를 생각하고 기뻐해보자. 비록 몸과 마음은 더 바빠지고, 힘들 수 있지만 꿈이 생길수록, 꿈이 커질수록, 이루고 싶은 목표가 간절해질수록 그만큼 하루하루가 새롭고 가슴이 벅차오르는 것을 경험하게 된다. 그 꿈을 숙제처럼 하나씩 해내는 재미도 느끼게 될 것이다.

04

진짜 꿈은 머리보다 가슴이 먼저 반응한다

"내가 왜 이럴까 곰곰이 생각해봤는데 원인은 꿈이 없다는 사실이었어요. 이 나이가 되도록 뭘 잘하는지도 모르겠고, 하고 싶은 것도 없다는 게 너무 절망스러웠던 것 같아요." 힘겹게 말을 꺼내는 그의 얼굴에는 지친 기색이 역력했다. 불과 몇 년 전만 해도 광호 씨는 이런 자신의 모습을 상상하지도 못했다. 특목고에 다니던 학창 시절에는 전교 1~2등을 다투며 '천재 중 천재'로 불리기도 했다.

공부를 잘했던 형과 누나는 각각 명문 의대와 약대에 진학했고 막내였던 광호 씨도 점수에 맞춰 명문대 전자공학과에 들어갔다. 결국, 광호 씨는 지난해에 아무런 대책도 없이 회사에 사표를 냈다. 일단 대학원에 진학한 뒤에 본격적으로 진로를 고민해보기로 했지만, 답은 쉽게 구해지지 않았다. 시간이 갈수록 그는 마음이 답답해지기 시작했다. 직장에서 자리를 잡기 시작한 친구들을 볼 때면 열등감과 우울함에 시달렸다. 가장 견디기 힘들었던 것은 스스로에 대한 자괴감이었다. "스물여덟이면 적은 나이가 아니잖아요. 그런데 저는 아직도 제가 뭘 좋아하는지, 뭘 잘하는지조차 몰라요. 저도 한때는 똑똑하다는 소리를 꽤 들었는데, 지금은 왜 이렇게 바보가 됐을까요?"

이른바 명문대라 불리는 SKY대학교, 이 학교들을 졸업한 사람들은 행복할까? 아니다. 내 주위 사람들을 보아도 공부를 잘하는 것과 행복은 아무런 상관이 없다. 그리고 공부를 잘하면 꿈에 다가가기 더 어렵다. 내가 좋아하고 진심으로 원하는 학과에 들어갈 합격 점수가 내 점수보다 낮다면, 나의 점수에 맞추어 학과를 선택한다. 또는 내가 원하는 대학에 점수를 맞추어 학과를 선택한다. 내가 원하는 것보다는 내 점수에 맞춘 인생을 살아가게 된다. 사람들은 말한다. "적성에 맞지 않는다고 하는 것은 피나는 노력을 해보지 않고 하는 말이다. 피나는 노력을 한다면 적성에 맞지 않더라도 충분히 극복할 수 있다."라고 합리화를 한다. 이렇게 하다 보니 광호 씨와 같이 늦은 후회를 하고 갈등을 겪게 된다.

성적에 맞춰 학교를 선택하고, 사람들이 선망하는 회사에 취직하려고 노력하다 취직을 이미 했는데, 문득 내가 원하는 길이 아닌 것 같아 주위를 둘러보다가 다른 길로 가고 싶다는 생각을 하는 분들이 많을 것 같다. 이처럼 내가 진짜 원하는 것이 무엇인지 몰라서 힘들어하는 사람들이 많이 있다. 대부분 꿈이 없는 게 정상이다.

나 역시 솔직하게 무엇을 잘하는지, 나의 적성이 무엇인지 몰랐다. 무엇이 되어야겠다고 구체적으로 생각을 해보지 않았다. 고등학교 생활기록부를 확인해보니 '항해사'라고 적혀 있다. 그때 항해사가 적성에 맞는지 전혀 생각하지 않았다. 이웃집 아저씨가 항해사이신데 멋있게 보였기 때문이다. 그런데 그 당시 내가 받은 점수는 항해사를 양성하는 학교보다 조금 높아서, 그 학교에 지원할 생각은 전혀 하지 못했다. 물론 항해사가 내 적성에 맞는지 생각조차 하지 않았다. 그래서 그 학교보다 평균 입학점수가 높은 대학에 지원을 지원하였고, 결국 화학을 전공하게 되었다. 화학을 전공하게 된 계기도 물리학과나 생물학과보다 취직이 더 잘 될 것 같아서였다. 하얀 가운을 입고 일하는 모습이 왠지 멋있어 보였다. 그 당시는 화학을 전공하게 되면 하얀 가운을 입고 일하는 연구원이 되거나 중고등학교 선생님이 될 수 있을 줄 알았다. 이와 같은 막연한 생각에 화학을 택하게 되었다. 그런데 2학년이 되어 전공과목을 본격적으로 공부하다 보니, 쉽지만은 않았다. 연구원이 되기는 어려울 것 같고, 그렇다면 선생님이 되어야 할 것 같았다. 그 당시 선생님이란 직업은 인기가 썩 좋지 못했다. 선생님이 되어야겠다는 사명감이 없으면 선호하지 않는 직업이었다. 고등학교 때 "너는 선생님이 되면 좋겠다."라는 말을 들은 적이 있었다. 단지, 인기가 없는 직업이라는 이유 하나만으로 그 말이 싫었다. 지금 돌이켜보면 나는 선생님이 연구원보다 적성에 더 맞다. 지금은 선생님이 되려면 임용고시에 합격해야만 할 정도로 어렵지만, 그 당시 선생님은 사범대학을 졸업하지 않아도 비교적 되기 쉬웠다. 그래서 교수님께 가서 상담을 해보았다. 그때 교수님께서 공부를 죽을 만큼 열심히 해보면 마음이 바뀔 거라고 말씀하셨다. 그래서 마음을 바꾸고 공부에 집중하게 된 것이다. 사실 공부란 열심히 하게 되면 어느 정도 흥미도 생기게 마련이다. 그래서 공부를 어느 정도 하게 되면 적성보다는 점수에 맞게 진로를 정하고, 적성에 잘 맞지 않는 분야에서 평생 일을 할 수도 있게 되는 것이다. 나의 경우는 전공에 맞추어 직장에 들어가 연구원으로 근무해야 했다. 결국, 만족스럽지 못한 직장생활을 하고, 어쩌면 마치 직장에 얽매인 노예처럼 살아온 것이 아닌가 한다. 실제로 내 주위의 많은 사람이 비슷한 삶을 살아가고 있는 듯하다.

사람들 대부분은 꿈은 한계가 없다고 말한다. 실제로 꿈속에서는 이루지 못할 것이 없다. 혼자서 날아가는 새도 될 수 있고, 우주여행도 할 수 있다. 마법사가 되어 온 세상을 아름답게 만들 수도 있다. 또한, 오페라 가수가 되어 수많은 사람의 갈채를 받으며 노래하기도 한다. 꿈은 어차피 이룰 수 없는 것이기 때문에 꿈이라고 합리화를 한다. 꿈을 이룰 수 없어도, 꿈을 꾸지 않는 것보다 꿈을 꾸는 것이 좋다는 의미로 하는 말이다. 그러나 꿈만 꾸어서는 행복할 수 없다. 꿈은 현실이어야 한다. 머릿속에서나 가능한 꿈이 아니라 현실로 만들 수 있는 꿈을 꾸어야 한다. 그래야 신기루 같은 행복이 아닌 진짜 행복을 오랫동안 누릴 수 있다.

무척이나 더운 어느 여름날이었다. 땀에 온몸이 젖을 정도로 무더운 날로 기억한다. 교회 예배를 마치고 나오는데, 30대 초반인 교회 청년이 나를 기다리고 있었다. 사람들과 대화를 나누느라 바로 나오지 못했다. 족히 20여 분은 걸린 것 같은데, 그 더운 날 밖에서 땀을 흘리며 나를 기다린 것이다. 무언가 할 말이 있는 모습이었다. 간절함이 표정에서 묻어나고 있었다. 교회 카페로 가서 대화를 나누기로 했다. 그는 시원한 아이스 아메리카노 한잔을 마시고 나자, 속내를 털어놓았다. 대학원 석사 과정을 마치고 현재는 쉬고 있다고 했다. 최근에 그림에 심취해서 열심히 그림을 그리다 보니, 그림에 대한 간절함을 느껴서 본격적으로 그림 공부를 해야겠다고 한다. 그런데 부모님께서 반대하셔서 고민이란다. 흔히 있는 일이다. 평생 한 가지 꿈만 꾸면서 만족하는 사람들도 있지만, 여러 가지 하고 싶은 일이 많아 될 수 있는 한 모두 해보고 싶은 사람들도 많다. 분명 지금 꿈꾸고 있는 일도 나쁘지 않고, 계속해서 하고 싶은데, 더 하고 싶은 다른 일이 생기는 경우도 허다하다. 그는 공부가 싫은 것은 아니었다. 박사 과정도 하고 싶다고 했다. 하지만 최근 자기도 몰랐던 그림에 대한 간절한 마음이 생겨 고민에 빠졌다고 조언을 구했다. 나는 "내가 너의 아버지라면 그림을 하는 것은 좀 더 신중하게 생각을 해봐야 겠다고 했을 거야."라고 조언했다. 그림 공부를 해야만 반드시 행복할 수 있는 일은 아니기 때문이다. 그는 그림 공부를 보류하고, 박사 과정에 등록하여 그 과정을 모두 마치고 학위를 받았다. 박사 과정을 마치자마자 대학교수로 임용이 되어 학생들을 가르치고 있다. 실제로 그는 학생들을 훌륭하게 지도하면서, 많은 학생을 올바른 길로 인도할 수 있어서 행복하다고 한다. 그리고 그림도 열심히 그리며 즐겁게 살아가고 있다.

꿈을 찾으려면 끊임없이 자신에게 물어보아야 한다. 그 물음에 답하려면 깊이 생각을 해야 한다. 자신이 무엇을 좋아하는지, 무엇을 할 때 기쁘고 신이 나는지를 생각해보아야 한다. 그러나 진짜 꿈은 머리보다 가슴이 먼저 반응한다. 정말로 자신이 그런 꿈을 꾸고 싶어 하는지 확실히 알 수 없으나 가슴이 설레고 뛴다. 미치도록 가슴이 뛰어야 진짜 꿈이라 할 수 있다. 그렇지 않다면 꿈이 아닐 수 있다. 공부를 잘할수록 가슴은 뛰지 않고 생각은 많다. 특히 취업을 앞둔 학생은 가슴이 뛰는 것보다 연봉이나 근무 조건 등을 따져 미래가 보장되는 직장에 취업하기를 꿈꾼다. 가슴이 뛰지 않고 머리로만 꿈을 말한다면 다시 생각해보아야 한다. 가슴 뛰는 일을 찾는 것이 매우 중요하다. 시간이 흘러도 계속해서 가슴이 뛴다면 꿈이라 할 수 있다. 공부를 잘할수록 가슴이 뛰는 일을 찾는 일이 어려운 이유가 된다. 가슴이 뛴다고 꼭 그 꿈이 이루어진다는 보장은 없다. 하지만 가슴이 뛰지 않는다면 꿈을 이룰 가능성이 더 작아진다. 가슴이 뛰어야 꿈을 이루는 데 필요한 모습으로 자신을 변화시킬 수 있기 때문이다. 따라서 꿈을 찾을 때 반드시, 자신에게 물어보고 꼭 확인해야 한다. 어떤 모습을 상상할 때 가슴이 뛰는지 찾아야 한다. 그 가슴 뛰게 하는 일이 바로 자신이 찾던 진짜 꿈일 가능성이 크다.

05

무엇보다 먼저 자신에 대해 알아야 한다

진정한 나의 꿈이 무엇인지 고민한 적이 있는가? 쉽게 답이 나오지 않 겠지만, 이런 고민과 성찰이 진정한 꿈에 한 발짝 더 다가설 수 있게 만 들 것이다. 나의 경우 고등학교 1학년 첫 시간 장래 희망을 적어야 할 때 잠깐 고민한 적이 있다. 그리고 적성 검사할 때도 나에게 맞는 직업이 무 엇인지 잠깐 생각해보았다. 나의 경우 그뿐이다. 그때는 아마 많은 사람 이 나와 같이 꿈에 대해 진지하게 생각해보지 않았을 것이다. 꿈에 대해 고민하기보다, 학교 성적에 더 많은 관심이 집중되어 있었다. 열심히 공 부해서 좋은 대학을 가는 것이 목표이자 꿈이었기 때문이었다. 좋은 학교는 장래 성공을 보장하는 것이라고 믿고 있었기 때문이다. 또 많은 청소년은 부모님의 희망이 자신의 희망이 되는 경우가 많이 있다. 특별히 교육열이 높은 부모님을 둔 학생들일수록 그럴 확률이 더욱 높다. 본인의 뜻보다 부모님의 희망대로 학교를 선택하고 취업하고 사회생활을 하게 되면 만족스러운 삶을 살기는 어렵다. 그러기에 아직 배움의 길에 있는 이 시대의 젊은이들에게 무엇보다 필요한 것이 자신에게 맞는 꿈과 목표를 가지는 것이 아닐까 한다.

사람은 누구나 적어도 한 가지 이상의 재능을 가지고 있다. 그러한 재능은 자기 스스로 발견하기도 하고, 또 누군가에 의해 발견되기도 한다. 그러나 사람들은 그렇게 찾은 재능에 대해 두려움, 부정, 의심만 할 뿐 그 재능을 계발하려 하지 않는다. '나보다 뛰어난 사람들이 얼마나 많은데….', '과연 내가 잘할 수 있을까?', '아무리 노력해봐야 어림도 없을 거야.' 등의 부정적인 생각들로 채운 채 허송세월하며 시간만 보내는 것이다. 자신의 재능을 마음껏 발휘하지 않는 사람들은 결국, '그때 그렇게 할 것을….' 혹은 '그때 그렇게 했더라면 얼마나 좋을까?' 하며 아쉬워하며 후회한다. 자신의 타고난 재능이 무엇인지 발견하지 못한 사람이나 그것을 확신하지 못하는 사람은 자신의 재능을 잠재워둔다. 그리고 그것과 상관없는 일을 하느라 정신적, 육체적으로 많은 시간과 에너지를 허비하면서 여러 가지로 힘겨워하며 살아가게 된다. 결국, 자기에게 맞지 않는 이상과 꿈을 좇아가느라 세월만 허비하게 되는 것이다. 자신의 재능을 발견하고, 인정하면 가능성이 무한대로 열린다. 바로 그것을 최대한 이용하여 꿈을 이루며 살아가야 한다.

사람들 대부분은 평범한 가정에서 태어나 평범한 가르침을 받고 평범한 생각을 하며 자란다. 그렇기에 평범한 현재의 삶에 만족하며 안주하는 삶을 사는 것이다. 그리고 당신도 마찬가지로 평범함을 거부하지 않고 만족한다면 앞으로도 평범한 가족으로, 사회인으로 살아가게 될 것이다. 나도 평범함에 대해 거부감이 없는 평범한 사람이었다. 어릴 적 가난한 집안에서 자라나서 더는 가난하게 살고 싶지 않았다. 그래서 가난을 벗어나 그저 평범하게 살면서 만족하는 것이 옳은 일인 줄 알았다. 그렇다고 평범한 삶이 잘못된 것은 아니다. 그러나 모든 사람이 평범하게 살 이유는 없다. 비록 평범한 가정에 태어나 평범한 삶에 익숙해졌다고 하더라도 계속해서 그렇게 사는 것은 반드시 옳다고 할 수 없다. 지금의 평범한 삶에서 벗어나 조금 더 나은 삶을 향해 나아가며 비범한 삶으로 갈 수 있도록 노력해야 한다.

어미 사자가 새끼 사자를 두고 죽게 되었다. 혼자 남겨진 새끼 사자를 지나가던 원숭이들이 발견하고, 불쌍히 여겨 자식처럼 키웠다. 새끼 사자는 원숭이들이 부모이고 형제인 줄 알고 그들의 보살핌과 사랑으로 아무런 근심도 없이 자라났다. 원숭이들과 같이 바나나를 따 먹고, 원숭이들처럼 뛰어놀며 자라났다. 그러던 어느 날, 훌쩍 커버린 새끼 사자는 물가에 앉아 물을 마시던 중 물에 비추어진 자신의 모습을 보며 깜짝 놀라고 말았다. 원숭이들과 전혀 다른 자신의 모습을 보았기 때문이다. 새끼 사자는 그때부터 생각하기 시작한다. '나는 왜 저들과 다르다는 것을 모르고 살았지?', '나는 분명 저들과 다른데 계속 그들과 같은 모습으로 살아야 하는 걸까?' 결국, 새끼 사자는 평범했던 원숭이들의 일상에서 벗어나 자신의 길을 찾아서 마침내 사자로서의 모습으로 되돌아가 동물의 왕으로 거듭난다.

만약에 여러분이 새끼 사자라면 어떻게 할 것인가? '지금까지 아무런 문제 없이 잘 살아왔는데 구태여 변화된 모습으로 살아갈 필요 없어!', '나는 남들과 분명히 다른데 왜 그들과 같이 살려고 발버둥을 치고 있지? 지금부터라도 나 자신을 찾고 나답게 살아갈 필요가 있어!' 전자로 살 것인가? 후자로 살 것인가? 나는 후자로 살라고 말하고 싶다. 즉 이제부터라도 자신을 제대로 알고, 남들과 다른 사람임을 확인하고 그에 맞는 꿈을 찾기를 바란다.

우리는 그동안 원숭이의 무리에 섞여 자신의 의지와 무관하게 어느 한 원숭이가 앞장서면 우르르 그 뒤를 쫓아가며 살아왔다. 그렇기에 어쩌면 그런 생활에 익숙해져서 지금의 삶이 더 편할 수도 있다. 그러나 이제부터 더는 원숭이의 모습을 한 사자가 되어서는 안 된다. 지금까지 아무런 생각 없이 원숭이 무리 속에 속해 있었던 원숭이였음을 자각하고 진정한 자신인 사자의 모습을 찾아가야 한다.

　세상에 비범한 사람은 별도로 존재하는 게 아니다. 누구나 저마다의 비범함을 가지고 태어났다. 자신도 모르는 사이에 비슷한 생각으로 같은 목표를 가지게 된다. 결국, 평범한 삶으로 살아가게 되어 자신의 비범함을 깨닫지 못하는 것이다. 바로 비범한 사람이 '나 자신'임을 자각해야 한다. 그렇게 비범한 사람으로 거듭나도록 행동하고 꿈을 꾸어야 한다.
　실제로 꿈을 이룬 사람들의 공통점은 어려운 문제와 위기를 극복한 사람들이다. 특별히 신체적 장애는 내적인 문제로 자신과 벌이는 싸움이라 극복하기 매우 어렵다.

　20세기 최고의 발레리나인 러시아의 안나 파블로바는 러시아 황실 발레학교에 입학 허가를 받지 못하고 거절당했다. 너무 어리고 비쩍 마른 이유 때문이었다. 그러나 발레계의 거장 마리우 프티파는 파블로바의 재능을 한눈에 알아차리고 어린 그녀를 제자로 삼고 발레를 가르쳤다. 파블로바의 신체는 가녀린 몸매에 발목마저 약해서 발레리나로서 좋은 신체조건은 못 되었다. 그래서 그녀의 스승은 그녀에게 맞지 않는 높은 점프와 턴 훈련을 시키지 않았다. 그 대신 그녀의 신체 조건에 맞는 우아하고 시적인 동작들을 찾아 집중적인 훈련을 시켰다. 그 결과 그녀는 발레리나의 최고봉인 프리마 발레리나가 될 수 있었다.

안나 파블로바처럼 선천적 장애도 극복하기 어렵지만, 후천적인 장애는 극복하기가 훨씬 더 어렵다. 어느 날 갑자기 장애인이 되어 느끼게 되는 좌절감이 너무나 큰 충격이 될 수 있기 때문이다. 그런데 이처럼 후천적인 장애를 극복하고 자기의 꿈을 이룬 사람들이 있다.

천재 물리학자로 우주론에 이바지한 학자로 향년 76세로 사망한 스티븐 호킹이 바로 그 주인공이다. 스티븐 호킹 박사를 생각하면 휠체어에 앉은 뒤틀린 모습이 먼저 생각난다. 그는 알다시피 전신 근육이 서서히 마비되는 근위축성측삭경화증(ALS), 이른바 '루게릭병'을 앓았다. 그는 루게릭 환자 중 55년간 생존한 최장수 환자였다. 의학계에서는 호킹의 경우를 '의학계의 기적'으로 부른다. 그도 그럴 것이 21세 때인 루게릭병 발병 당시 그는 2년밖에 살지 못한다고 시한부 선고를 받았다. 하지만 그는 그 후 무려 55년을 생존했다. 〈USA투데이〉는 스티븐 호킹이 이토록 오랫동안 생존할 수 있었던 이유를 보도했다. 이 보도에서 세계루게릭협회 최고 의학자인 루시 브루이즌 박사는 그처럼 오래 산 루게릭병 환자를 본 적이 없다고 했다.

옥스퍼드대학을 3년 만에 마치고 스무 살에 케임브리지대학원에 진학할 때만 해도 그는 건강한 청년이었다. 그는 조정선수로 활약할 만큼 건강하고 튼튼했다. 그러나 케임브리지 재학 중 근육이 점점 수축해 심장 근육까지 수축되면 사망하는 루게릭병에 걸린 사실을 알게 되었다.

그러나 그는 건강 상태가 악화할수록 더 큰 명성을 얻었다. 아인슈타인이 일반 상대성이론에서 예견했던 우주 '특이점'의 존재를 스티븐 호킹 박사는 스물세 살 때 박사학위 논문에서 증명했다. 서른두 살 때는 영국 학술원의 최연소 회원이 되면서 '제2의 아인슈타인'이라는 별명을 얻었다. 마침내 케임브리지대학의 중력 물리학 정교수로 임명되었다. 기관지 제거 수술을 한 지 3년 후인 1988년 호킹 박사는 『시간의 역사』라는 책을 발간하여 20개국에서 1천만 권 이상 팔릴 정도로 세계적인 주목을 받았다. 만약 당신이 루게릭병을 앓고 있으면 어떤 기분일까? 그는 이 질문을 받을 때 별다른 기분을 느끼지 않는다고 대답했다. "가능한 정상적으로 살려 하고 내 상태에 대해 생각하지 않으려 한다. 내가 할 수 없는 일에는 신경 쓰지 않는다. 실제로는 못 하는 일도 별로 없다."라고 말했다. 호킹 박사는 스스로 정상인으로 살았다.

이처럼 내가 어떤 상태에 있든지 내가 먼저 나를 알아주어야 한다. 남들이 뭐라 해도 내가 나를 인정하면 된다. 또 남들도 하니까 하는 마음으로 다른 사람들을 따라 할 필요는 없다. 남들이 하는 게 좋아 보이고 남들이 하니까 나도 해야 한다는 생각은 금물이다. 그것은 자신의 재능을 발견하고 계발하는 데 방해만 될 뿐이다. 자신의 결점을 보완하려는 것은 좋지만, 그것에 집착하느라 자신의 재능을 잠재워서는 안 된다. 차라리, 그 노력을 자신의 재능을 발휘하는 데 사용해야 한다. 그러면 그 결과는 엄청난 차이를 가져올 수 있고 그 노력에 대한 대가도 훨씬 커지고, 자신의 가치도 한층 더 높아진다.

불행하게도, 많은 사람은 세상이 정해놓은 틀에 박혀, 그에 맞는 삶을 위해 많은 시간과 노력을 하고도 만족스러운 결과를 얻지 못한다. 지혜로운 사람이라면 자신이 좋아하고, 자신의 역량을 마음껏 발휘할 수 있는 곳에 힘을 쏟아야 한다. 그러기 위해서 무엇보다 자신에 대해 잘 아는 것이 중요하다.

06

방황하고 무너져도 괜찮다, 꿈에 미쳐라!

20대, 청춘, 듣기만 해도 가슴이 벅차오르는 말이다. 무엇이든 하고 싶고, 어디든지 가고 싶은 꿈 많은 시절이다. 그만큼 많이 부딪혀보고, 듣고, 느껴보아야 할 시기이다. 하지만 대학에 들어온 지 얼마 되지 않아 대학 생활에 열심히 적응하고 있을 새내기부터 불안정한 미래와 취업 걱정으로 밤을 지새우는 시기를 보내게 된다. 그리고 여전히 대학 입시를 준비하는 20대 청춘들도 많이 있다. 20대는 꿈을 가진 20대와 꿈이 없는 20대로 크게 두 부류로 구분할 수 있다. 꿈이 있는 20대라면 현실이 불만족스러워도 크게 상관하지 않는다. 그들의 가슴속에는 그들의 미래가 생생하게 활활 타오르는 용광로와 같은 뜨거운 꿈이 불만족한 현실을 불태운다. 그래서 만족스러운 미래를 현실로 바꾸기 위해 치열하게 살아간다. 모두가 이루어질 수 없다고 하는 일들을 향해서 미친 사람처럼 자신의 길을 걸어가는 20대도 있다. 꿈이 진실인 것처럼 믿기 때문이다. 그들은 꿈을 향해 가는 그들의 노력이 분명히 그들의 장래를 보장해주리라고 확신한다.

그렇지 않고 꿈이 없는 20대는 꿈은 아무나 꾸는 것이 아니라고 단정을 한다. 특별한 재능을 가진 사람들만 꿈을 꾸고, 그 꿈을 이룰 수 있다고 믿는지도 모른다. 그들은 철저하게 보이는 현실만 믿는다. 그래서, 무엇이든지 적당하게 살아간다. 공부도, 사랑도, 무엇이든지 적당히 하면서 보이는 현실에 불만을 표출한다. 나는 왜 이렇게밖에 안 될까? 나는 왜 흙수저로 태어났는가? 나는 왜 이렇게 뚱뚱하고 못생겼는가 등등 모든 것이 불만인 20대도 있다. 심지어 방구석에 처박혀 외부와 단절된 채 생활하는 20대도 있다. 그러므로 꿈이 없는 20대는 삶을 열정적으로 아름답고 찬란하게 살아갈 수 없는 것이다. 어쩌면 요행이나 운명을 믿으며 살아갈지도 모른다.

20대에는 꿈을 가진 20대나, 꿈이 없는 20대나 큰 차이가 없다. 꿈이 없는 20대들은 오히려 현실과 타협하면 적당하게 살아가기 때문에 더 편하게 칭찬받으며 살아간다. 그러나 20대에 자기의 꿈을 적고 목표를 명확히 하고 미친 듯이 자기의 꿈을 추구한 사람들은 언젠가 자기가 꿈꾸는 분야에서 주목을 받고 두각을 드러내고야 만다. 어떤 이는 세상을 열광시키는 가수, 배우, 작가, 과학자가 된다. 그리고 세상 속으로 걸어 들어가 세상의 중심이 되고 많은 영향을 미치게 된다. 그 스스로가 브랜드가 되어 수많은 사람의 칭찬과 갈채를 받으며 살게 된다. 사람에 따라 빠르면 20대에 이미 그 꿈을 실현할 수 있고, 늦어지면 30대, 40대도 될 수 있다. 한번 꿈의 위력을 경험한 그들은 더욱 열정적으로 새로운 꿈을 만들고 꿈을 이루며 살아가게 된다.

반면 20대에 꿈이 없이 현실과 적당히 타협하며 살아온 사람들은 나이가 들수록 삶이 더욱 힘들어지기 시작한다. 살아가면서 이루고 싶고, 가지고 싶은 것들을 이루기가 무척 힘들고 어렵게만 느껴진다. 직장이라면 진급이 힘들고, 무언가 새롭게 시작하려 해도 도무지 용기가 생기지 않는다. 더군다나 시간이 도무지 나지 않는다. 그러다 시간이 지나고, 그럭저럭 살 수밖에 없다고 체념을 하기 쉽다. 30대, 40대를 지나 나이가 들수록 삶이 힘겹고 무의미하게만 느껴진다. 세상이 힘들다고 하소연하면서 살아가게 된다.

그러므로 그와 같은 힘겨운 미래를 살지 않으려면 20대를 새로운 목표를 세우고 꿈을 바라보고 나아가는 출발점으로 삼아야 한다. 꿈이 없는

20대는, 꿈을 향해 질주하지 않는 20대는 참다운 20대가 아니다. 외모만 20대이지 정신은 20대보다 나이가 훨씬 많은 노인이거나, 철없는 어린아이와 같다. 만일 그대가 그렇다면 세상에서 가장 불쌍한 사람일지도 모른다.

인생에서 가장 찬란하게 빛나는 20대를 후회 없이 보내기 위해 꼭 해야 할 것이 있다면 바로 꿈 노트를 마련하고 적어보는 일이다. 그리고 어떻게 하면 이루어지는지 생각을 해보고, 누가 그 꿈을 이루었는지 잘 살펴보고 그대로 따라 해보는 것이다. 같은 20대로 비슷한 실력을 지니고 들어왔지만, 그 꿈의 크기에 따라 삶의 결과는 엄청난 차이가 난다. 꿈을 적는 것과 적지 않는 것의 차이가 바로 그 사람의 미래 삶의 질의 차이와 직결된다. 그만큼 중요하다. 실제로 꿈을 적은 사람이 꿈을 적지 않은 사람들보다 성공할 확률이 훨씬 더 높다는 것은 과학적으로도 입증된 사실이다.

실제로 하버드 경영대학원 졸업생들을 대상으로 한 실험이 바로 그 예이다. 1979년에 하버드 경영대학원 졸업생을 대상으로 '명확한 장래 목표와 그것을 성취할 계획이 있는가'라는 설문 조사를 한 적이 있다. 이 질문에 3%만이 명확한 목표와 계획이 있고, 그것을 적어두었다고 응답했다. 13%는 목표는 있으나, 그것을 종이에 직접 기록하지는 않았다고 했다. 나머지 84%는 휴가를 가는 것 외에 특별한 계획이 없다고 응답했다. 그로부터 10년 뒤인 1989년 연구자들은 다시 한번 설문 조사를 시행했다. 그 결과 목표는 있었지만 기록하지 않았던 13%의 졸업생들은 특별한 목표가 없었던 84%의 졸업생들에 비해 평균 수입이 두 배 이상이 되었다. 그리고 명확한 목표를 세우고 그 계획을 상세하게 기록했던 3%의 졸업생들은 목표가 전혀 없었던 84%의 졸업생의 소득보다 열 배 이상 많은 소득을 얻는 사람이 되었다는 것이다. 이 졸업생들의 학력이나 개인적인 능력에는 큰 차이는 거의 없었다. 다만 목표를 세우고 기록을 했느냐 하지 않았는가의 차이만 있을 뿐이었다. '적자성공'이라고 말하고 싶다. 간절히 이루고자 하는 목표가 있다면 지금 당장 꿈 노트를 마련하여 적어야 하는 이유이다.

나의 과거를 돌아본다. 나는 집이 흙수저인 관계로 공부를 잘해서 좋은 대학에 가고, 좋은 직장에 들어가서 안정적으로 살아가는 것이 가난한 현실을 극복할 수 있는 유일한 방법이라고 생각했다. 어릴 때는 공부라는 것을 제대로 알지 못했다. 자고 나면 들로 산으로 놀러 다니는 것이 일상이었다. 공부와는 먼 어린 시절을 보냈다. 아버지가 일찍 돌아가셔서 어머니가 생계를 꾸려야 했고 형님, 누님들도 생활전선에 뛰어들어야 했다. 그 당시 60~70년대는 대부분이 어렵고 고달픈 삶을 살아가고 있었다. 하지만 홀어머님 밑에서 살아가야 하는 삶은 양쪽 부모님이 있는 친구들과는 비교되었다. 하루하루 끼니를 걱정해야 하는 형편이었다. 다행히 큰 형님의 도움으로 운이 좋게 대학까지 졸업하고, 박사학위까지 받게 되었으니 말이다. 뒤돌아보면 내 머릿속은 좋은 대학을 목표로 무조건 열심히 해야겠다는 생각만으로 가득 차 있었던 듯하다. 그것이 전부이다. 아주 우수하지는 않았지만, 내 학업성적에 맞는 대학과 학과에 진학했다. 내가 지금 그때로 돌아간다면, 먼저 내가 좋아하고 잘할 수 있는 일이 무엇인지, 무엇보다 가슴이 설레고 가슴이 뛰는 일이 무엇인지 알아보겠다. 적성검사를 해보고 내 적성에 맞는 학과와 직업을 조사해본다. 그 분야에서 최고로 성공한 사람이 누구인지 조사해본다. 그리고 나의 미래를 설계하고, 상세하게 꿈을 적어볼 것이다.

꿈이 생기면 대부분 꿈을 어떻게 이룰지, 꿈을 이루기 위해 무엇을 할지 고민하기 시작한다. 꿈은 실행이다. 머리로만 꿈을 꾼다고 이루어지지 않는다. 꿈을 이룰 수 있는 구체적인 방법을 고려하는 일이 매우 중요하다. 그리고 그보다 더 중요한 것은 '무엇을(What)', '어떻게(How)'를 고민하기 전에 '왜(why)'부터 생각하고 그 해답을 찾아야 한다. 꿈을 이루기까지의 과정은 결코 쉬운 과정은 아니다. 생각지도 못한 장애물을 수없이 만나고, 그 길이 힘들고 길어질수록 어느 순간 자신감을 잃어버리기도 한다. 어려운 고비마다 다시 일어설 수 있도록 하는 것이 바로 '왜'이다. 그 이유가 분명하면, 잠시 흔들리더라도 다시 꿈을 향해 나아갈 수 있게 된다.

만약 당신이 20대라면 꿈을 찾고 꿈을 향해 나아가는 데 용기를 내도 될 만큼 젊은 나이다. 100세 시대인 요즘 나 같은 60대라도 꿈을 찾을 수 있다면 찾아야 한다고 생각한다. 남은 인생이 아직도 많기 때문이다. 앞날에 대한 불안함으로 무엇을 선택해야 할지, 맞는 선택일지 수없이 고민하는 나이가 바로 20대이다. 그런데 그건 나이가 든다고 사라지지 않는다. 오히려 어떤 방식으로든 더 선명하게 다가오기도 한다. 그러니, 20대 나이에는 인생에서 진짜 원하는 실체를 찾기 위해 더 많이 방황하고 무너지고 깨져도 괜찮다고 말하고 싶다. 나이가 들어 결혼하고는 꿈의 실체를 찾기가 어렵다. 젊은이의 특권은 많이 실패해도 된다. 다시 일어설 수 있기 때문이다. 그게 자신의 꿈에 가장 빨리 다가설 방법이다. 그러니 20대여, 꿈에 미쳐보라!

07

나의 가치는 내가 스스로 결정한다

미래는 아무도 모른다. 고등학교 졸업 후 대학 진학 없이 사회에 일찍 뛰어드는 친구가 사업에 성공하여 많은 돈을 벌 수도 있고, SKY대학에 합격한 친구가 취업에 실패하여 백수로 살아갈 수도 있다. 그렇기에 우리는 그 누구도 무시해서는 안 된다. 미래는 지금부터라도 바꿀 수 있다.

가수 에일리는 오래전부터 외모에 대한 루머로 인해 힘들어했다. 언젠가 TV 채널 A의 한 프로그램 〈오은영의 금쪽상담소〉에 출연하여 자신의 속마음을 조심스럽게 얘기했다. 급격한 다이어트로 가수로서 생명인 성대에 무리가 갈 정도로 문제가 생겼다고 고백한 것이다. 풍부한 성량과 무대에서의 카리스마를 가지고 있었고, 누구라도 그녀의 실력을 의심하지 않았다. 그런데도 그녀는 무대에 올랐을 때 관객들의 시선, 그리고 불특정 다수의 외모에 대한 댓글로 마음이 한순간도 편하지 않았다. 불특정 다수의 의미 없는 말과, 그 기준에 맞추느라 신경이 많이 쓰였다. 그녀는 '나 자신이 누구인지, 내가 원하는 것은 무엇인지, 내가 가고자 하는 방향은 무엇인지' 혼란에 빠졌다고 한다. 아무런 의미 없는 기준에 맞추느라 그녀는 매우 고통스러운 시간을 보내야만 했다. 그녀의 솔직한 고백에서도 볼 수 있듯이 식이장애는 단순히 다이어트의 문제가 아니다.

우리는 우리 자신에 대한 한마디에도 자신의 가치, 의미를 찾고 부여하며 그 기대에 못 미치거나 조금이라도 부정적인 평가가 있으면 안절부절못한다. 나 자신보다는 다른 사람, 외부의 평가와 판단에 근거하여 나를 평가하기 때문이다. 타인의 평가도 중요하지만 나 스스로 내리는 자신에 대한 평가도 중요하다. 나의 존재 가치는 그 누구도 정할 수 없다. 누구든지 한 사람 한 사람 그 무엇과도 비교 불가, 대체 불가의 소중한 존재이기 때문이다.

나의 가치는 주변 사람들이, 가족이, 나의 친구가, 나의 직장이 정해주는 가치에 따라 정해지지는 않는다. 단지 주변 사람들이 하는 것은 내가

정한 나의 가치를 반사해서 보여줄 뿐이다. 누가 나에 대해서 뭐라 말하든 어떻게 평가를 하든 나의 가치는 그들의 판단에 달려 있지 않다. 나에 대한 가치는 내가 스스로 정하는 것이고, 주위 사람들이 나를 무시하고 평가 절하한다고 생각한다면 나 스스로 어떻게 평가하는지 스스로 돌아보아야 한다. 그들이 내린 나에 대한 평가를 인정하거나 무시하는 것은 전적으로 나에게 달렸다. 내가 현재 어떤 지위를 가지고 있든지, 내가 처한 상황이 어떠하든지 상관이 없다. 전적으로 옳거나, 잘못되거나 하는 문제가 아니다. 나 스스로 가치가 있다고 판단하면 그만이다. 그것은 내 안에 어떤 마음을 품고 있느냐에 달린 것이다. 스스로 가치 있고 소중하다고 정하면 그런 것이다.

우리는 살면서 여러 가지 문제에 부딪힐 때마다, "왜?" 하고 반문한다. "왜 나는 이런 대접밖에 못 받을까?", "왜 그 사람은 나를 이 정도밖에 평가하지 못할까?" 많은 사람이 그 해답을 자신에게만 찾으려고 하는 오류를 범한다. '내가 모자라니까.', '나의 학벌이 뒤처지니까.', '가진 것이 없으니까.', '정규직이 아니니까.' 나와 관계없는 일까지 나에게 원인이 있는 것으로 판단하는 것이다. 그런데 정말 그렇지 않은 경우가 많다. 한 정신과 의사가 한 말이다. 정작 치료받아야 할 사람은 오지 않고, 그 사람에게 상처를 받은 사람들만 진료를 받으러 온다고 한다. 우리는 상대의 문제를 자신의 문제로 착각하곤 자신을 탓한다고 한다. 하지만 우리의 태도를 진지하게 돌아볼 필요는 있다. 마음에 상처를 받는 것은 어쩔 수 없지만, 적어도 상대의 문제를 내 문제로 끌어들여 마음이 위축될 필요는 없다.

"겉모습이 매력적으로 보여야 좀 더 알고 싶은 마음이 생기지." 아내와 사람의 겉모습에 관한 이야기를 한 적이 있다. "사람은 겉모습도 중요해." "아니, 속사람이 더 중요하지, 겉모습보다 속이 훨씬 더 중요한 건 당연한 거 아닌가요?" "아니야, 겉모습도 중요해. 같은 상품이라면, 포장을 예쁘게 한 것과 그렇지 않은 상품 중에 어느 것을 뜯어보고 싶겠어요?" "사람도 마찬가지 아닌가요? 겉모습이 아름다워야, 어떤 사람인지 궁금해하고 좀 더 알고 싶은 마음이 생기는 거잖아요." 솔직히 그 말도 옳은 말이다. 나도 다른 사람을 볼 때, 그러니까. 원래 능력도 없으면서 자기 자랑만 하는 사람들을 별로 좋아하지 않는다. 알고 나면 실속이 없으니까. 하지만 자기 자랑을 하지 않으면 그 사람에 대해 더는 궁금해하지도 않는다는 것을 인정할 수밖에 없다.

그러므로 우리는 무엇을 하든지, 다른 사람의 관점도 아주 무시하면 안 된다. 나의 가치는 내가 정하기 때문에 내가 가진 능력의 크기에 비해 10배, 100배 크게 보일 수 있도록 해야 한다. 그게 스스로에 대한 마케팅이다. 다른 사람들이 어떤 것을 중요하게 생각하는지 파악할 줄도 알아야 한다.

옛말에 '입은 하나이고 귀가 둘'이라는 말이 있다. 이 말은 말을 하면 실수할 수 있으니 조심해서 해야 하고, 남의 말을 새겨들어야 한다는 말이다. 하지만 남의 말을 듣고만 있을 수는 없는 것이다. 적극적으로 내가 어떤 사람인지 알려야 한다. 말을 많이 하게 되면 실수도 많은 법이다. 그러나 그 실수에 대해 반성하고 더 이상의 실수를 하지 않도록 노력하는 것이 더 중요하다. 가만히 있지 말고 내 가치를 적극적으로 남에게 알려야만 하는 것이다. 내가 결정한 선택에 만족하면 된다. 그냥 그러면 된다. 내 가치는 내가 정하면 된다. 내 꿈의 크기도 내가 정하면 된다. 나의 행복도 마찬가지다. 누군가의 판단에 따라 살 필요는 없다.

'꿈은 방향성이다'. '꿈은 걸어가는 길'이라고 한다. 그렇기에 꿈은 밖에서 찾는 것이 아니라, 내 안에 가진 것들로 만들고 그 가치를 정하면 된다. 나의 가치는 세상이 정하는 것이 아니다. 내가 정하는 것이다. 내가 정한 방향으로 가는 길은 용기와 결단력이 필요하다. 타인의 잣대로 내 길을 정하고 가서는 안 된다. 내가 가는 길은 내가 만들어가는 길이어야 한다. 내가 한걸음, 한걸음 내딛는 만큼 이루어가는 것이다. 꿈이 클수록 걸어가야 할 길도 멀고 장애물도 많은 법이다. 그 길을 막고 있는 강도 건너야 하고, 높은 산도 넘어야 한다.

내 나이 벌써 환갑을 넘긴 나이니까, 지나온 삶에 대해 책임져야 하는 것이 아닌가? 일선에서 물러나야 하는 나이인데 이대로 괜찮을까? 내 마음속에서 나를 질책하는 물음이 튀어나온다. 타인에 대해서는 어떠한 상태에 있어도 희망을 잃지 말라고 말하면서도 나에 대해서는 안타깝고, 아쉬운 생각이 먼저 든다. 나는 세상에 태어나서, 나에게 주어진 재능과 내가 잘할 수 있는 일을 찾아서 한 것이 아니다. 그저 나의 학력과 경력에 맞추어 최대한 좋은 조건의 일을 찾아 지금까지 온 것이다. 그러다 보니, 만족을 느끼기보다는 불만이 더 많이 쌓여 있다. 내가 오롯이 나 자신으로서 살기보다는 세상의 틀에 맞추어 살아온 기분이 들 때가 많다. 나는 원래 이런 자리에 있을 사람이 아닌데 하면서 나의 이상과 현실을 자주 비교하다 보니 늘 나 자신에게 불만인 것이다.

한 번뿐인 인생에서 제일 소중하게 여겨야 할 사람은 나 자신이다. 그래서 누구보다 내가 나를 사랑하고 소중하게 생각해야 한다. 나 스스로 자신에게 완벽하기를 바라다보니, 나 자신을 스스로 사랑하고 귀하게 생각하기가 쉽지 않다. 세상에 나보다 훨씬 뛰어나고, 앞서가는 사람들은 무수히 많기 때문이다. 어떻게 해도 나 자신을 제대로 평가할 수 없다. 다만 내가 가진 것들이 무엇인지 하나하나 써보아야 한다.

스스로 나의 장점을 적어본다. 나는 끈기가 있고, 호기심이 많고, 원하는 것도 많다. 나는 무엇보다 자유로움에 대한 갈망이 누구보다 크다. 내가 원하는 것을 찾아서, 타인의 간섭 없이 마음껏 할 수 있는 자유, 가고 싶을 때, 어디든지 떠날 수 있는 자유다. 그러면서, 끊임없이 나를 성장시키고 싶어 한다. 그래서 나는 매일 넘어져도 다시 일어나 내가 걸어가고 싶은 길을 향해 가기를 갈망하고 있다. 그것이 나의 진정한 가치다.

KFC 창업자인 커널 할랜드 샌더스. 그는 17세부터 육군 사병으로 생활하다가 40세에 전역하여 식당을 차려 크게 성공을 하였다. 그의 식당은 전미에서 맛집으로 유명해졌고 1950년에는 '켄터키 커널'이라는 명예 호칭까지 받았다. 이 유명세로 주 상원의원까지 도전했지만 두 자릿수의 근소한 표 수 차이로 낙선하였다. 설상가상으로 그의 식당도 화재로 인해 결국 폐업되고 말았다. 그의 나이 65세였다. 남은 재산이라고는 월 105달러의 사회 보장금과 낡은 트럭 한 대뿐이었다. 그는 다시 트럭으로 미국 전역을 다니며 프라이드치킨 요리 비법을 팔려고 시도했다. 무려 1,008번의 거절을 당했다. 하지만 그는 치킨 맛에 대해서는 확고한 자신감을 지니고 있었다. 결국, 그는 1,009번째에 가맹점 계약에 성공하게 된다. 1,000번 이상의 가맹점 계약에 실패하더라도 도전하고 도전할 수 있었던 원동력은 자기 스스로가 그 가치를 인정했기 때문이다.

나는 당신 스스로가 당신의 가치를 찾고 인정하는 한 당신이 성공할거라고 확신한다. 비록 가는 길에 많은 사람이 당신을 힘들게 할지라도, 절대 쓰러지지 않을 것이다. 당신이 스스로 당신을 진정으로 아껴주고 사랑한다면 누가 당신을 폄하해도 흔들리지 않는 가치가 된다. 마침내, 당신도 꿈을 이루고 당신을 무시했던 모든 사람에게 당신의 판단이 옳았음을 알게 할 것이다. 죽이지 못하는 고통은 당신을 더욱 강하게 만들기 때문이다.

2장

한 줄의
꿈 노트가
인생을 바꾼다

01

꿈을 이룬 사람과 평범한 사람의 차이점

꿈을 이룬 사람들과 평범한 사람들의 차이는 무엇일까? 평범한 사람들은 최선을 다해 일하는 것을 성공의 열쇠로 생각한다. 꿈을 이룬 사람들은 이미 성공한 자신의 모습을 생생하게 그릴 수 있는 능력을 성공의 제일 요소로 생각한다. 둘 중 누구의 생각이 옳은 것일까? 두말할 것도 없이 성공한 사람의 생각이 옳다.

꿈을 이룬 사람 즉 성공한 사람들은 다음과 같은 공통점이 있다. 먼저 그들이 원하는 바를 노트에 적고 마치 이루어진 것처럼 생생하게 상상을 한다. 그 꿈을 이루기 위해 전문가들에게 막대한 비용을 지불하더라도 전문적인 훈련을 받고 엄청난 성공을 거듭한다. 조지 부시, 빌 클린턴, 트럼프 같은 미국의 대통령들, 세계 최고경영자들, 세계 각국의 올림픽 대표선수들, 최정상급 운동선수들, 짐 캐리, 톰 크루즈 같은 유명 연예인들, 앨범을 낼 때마다 빌보드 1위를 차지하는 가수들 역시 마찬가지다. 적게는 수천만 원에서 많게는 수억 원까지 지불해가면서 생생하게 꿈을 꾸고 그것을 성취하도록 체계적인 교육을 받는다고 한다.

평범한 사람들은 그들의 원하는 바를 생생하게 꿈꾸고 믿으면 확실히 이루어진다는 사실을 믿지 않는다. 더군다나 전문가에게 성공을 확신하기 위해 돈을 주고 배운다는 것은 정신 나간 일로 생각한다. 우리 주변의 사람들 대부분이 그렇게 생각하고 있다. 어쩌면 당신 자신일 수도 있다. 이들은 열심히 노력하는 것만이 성공의 열쇠로 생각한다. 원하는 바를 생생하게 꿈꾸고 믿으면 확실히 이루어진다는 사실을 믿지 않는다. 모두 틀린 생각은 아니다. 하지만 대단한 성공은 하지 못한다. 아주 잠깐 성공을 하지만 결국 평범한 삶을 살아간다.

월트디즈니는 성공을 매우 갈망한 사람이었다. 아홉 살 때부터 새벽에 일어나 신문 배달을 해서 돈을 모으기 시작했다. 10대 후반에는 학교에 다니면서 아르바이트를 두 곳에서나 할 정도로 부지런했다. 그 이유는 빨리 돈을 벌어서 만화 영화를 만들고 싶어 했기 때문이다. 매우 열심히 일해서 많은 돈을 모았다. 그리고 원하던 만화 영화사를 차렸으나 1년도 채 못 되어 망하고 말았다. 거래처로부터 사기를 당한 것이 원인이었다.

한번 실패를 하자 자신감을 잃고 실패를 거듭하였다. 결국, 월세조차 내지 못하고 쫓겨난 신세로 전락하고 말았다. 밥 사 먹을 돈조차 없어서 사람들이 먹다 버린 빵을 주워 먹는 거지가 되고 만 것이다. 하지만 그는 뛰어난 관찰력의 소유자였다. 그 뛰어난 관찰력으로 할리우드에서 성공한 사람들을 관찰했다. 성공한 감독, 배우, 제작자들은 한결같이 성공한 자신의 모습을 생생하게 그릴 수 있는 능력을 지닌 사람들이라는 것을 발견했다. 심지어 돈을 지불하면서까지 성공하는 법을 배우고 있다는 사실을 알았다.

이후 디즈니 자신도 성공한 사람처럼 상상하고 행동을 했다. 그 이후로 그가 만든 영화마다 성공을 거두게 되었다. 그것도 초대박이 난 것이다. 〈이상한 나라의 앨리스〉는 무려 12편까지 제작할 정도로 성공을 거두었다. 그는 '흥행을 몰고 오는 감독'으로 널리 알려지게 되었다. 계속해서 '오스왈드 시리즈', 〈미키마우스〉등 제작하는 영화마다 사상 초유의 흥행을 했다. 그가 생생하게 꿈꾸고 상상한 대로 이루어진 것이다.

〈미키마우스〉를 만들 때부터 디즈니는 아카데미상을 받는 것을 생생하게 꿈꾸었는데 결국 현실이 되었다. 미국 LA 애너하임에 디즈니랜드를 만들 때 무려 320여 곳의 은행과 투자회사로부터 성공 가능성이 없다는 이유로 투자를 거절 받았다. 하지만 디즈니는 그럴수록 더욱 생생하게 원하는 바를 꿈꾸었고, 그가 꿈꾼 대로 이루었다.

피카소는 처음부터 유명화가는 아니었다. 그의 무명기간은 무려 10년 넘게 지속되었다. 그는 무려 10년 동안 인정받지 못한 무명의 화가였다. 당연히 그림도 잘 팔리지 않았다. 그래서 도시의 빈민가에서 살 수밖에 없었다. 하지만 그는 무명의 세월 동안 마음속으로 부와 명예를 가진 모습을 생생하게 그렸다. 세계적으로 인정받는 화가의 모습이었다. 마음속으로만 그리지 않았다. 입만 열면 "나는 그림으로 억만장자가 될 것이다.", "나는 미술사에 한 획을 긋는 유명화가가 될 것이다.", "나는 갑부로 살다가 갑부로 생을 마감할 것이다."라고 말했다.

결국, 피카소는 30대 초반에 백만장자가 되었다. 나이가 들수록 그의 성공은 가속화되어, 마침내 억만장자가 되었다. 화가로서의 명성도 마찬가지였다. 서서히 그의 이름이 미술계에 알려지기 시작하여 마침내 세계적인 화가가 되었다.

디즈니, 피카소뿐 아니라 꿈을 이룬 많은 사람들은 그 꿈을 이루기 위해서 본능적으로 자기의 꿈이 이루어질 거라고 생생하게 상상하고 믿었다. 유사 이래 위대한 꿈을 이룬 수많은 사람들은 모두 그렇게 했다.

지난 2011년 캐나다 토론토에서 열린 워터프론트 마라톤대회에서 노란 터번을 쓴 한 남자가 흰 수염을 휘날리며 달리고 있었다. 이 남성이 달리기 시작한 지 8시간이나 지났지만, 아직 결승선은 보이지 않았다. 2003년 이 대회에 출전해 기록한 5시간 40분과 비교해도 한참이나 떨어지는 기록이지만 그는 포기하지 않고 계속 나아갔고 결국 결승선을 돌파했다. 기록은 8시간 11분 6초. 전문 마라토너에 비하면 형편없는 기록이지만 주변에서는 우레와 같은 함성이 터져 나왔다. 사상 최초로 100세의 나이에 마라톤을 완주한 파우자 싱의 이야기다.

2009년 시집 『약해지지 마』로 일본 문학계에 큰 반향을 일으킨 시바타 도요. 150만 부 판매 부수를 기록한 이 시집을 냈을 때 그의 나이는 99세였다. 1세기를 살아온 경험을 바탕으로 전 세대가 공감하는 시를 쓴 것이다. 문학소녀였던 시바타는 결혼과 육아로 90세가 넘을 때까지 자신의 꿈인 시인이 되는 것을 잊고 살았다. 시바타에게 시를 써보라고 권유한 것은 그의 아들이었다. 시바타의 영향으로 시인이 된 아들은 어머니의 재능을 알아채고 시작(詩作)을 적극적으로 권유했다. 92세가 돼서야 시바타는 시를 썼고 장례비로 모아둔 100만 엔을 털어 첫 시집을 출간해 베스트셀러 시인이 됐다.

이처럼 인생에서 무엇을 하기에 너무 늦은 나이란 없다. 그리고 지금 당장 할 수 있는 일이 무엇인지 찾아보라. 나이와 상관없이 당신에게도 가능성이 있다.

그런데 누구든지 꿈을 이루고 싶다면 먼저 몸과 마음을 성공에너지로 채워야 한다. 꿈을 이룬 사람처럼 생생하게 상상하고 행동을 해야 한다. 단순히 열심만 가지고는 절대로 크게 성공할 수 없다. 무엇보다 원하는 꿈을 적고 그 꿈이 이루어진 것처럼 상상하고 행동하도록 하는 로켓엔진과 같은 날개를 달아야 한다. 물론 땅을 박차고 하늘 높이 날아오르기 위해서 불굴의 의지와 노력이라는 날개도 달아야 한다.

꿈을 이루고자 하는 사람은 누구든지 생생하게 꿈을 꾸면 현실이 된다는 공식을 반드시 터득해야 한다. 험한 세파에 시달린 부정적인 마음을 먼저 씻어내야 한다. 어린 시절의 순수한 마음으로 받아들이고 믿어야 한다. 구름 한 점 없는 맑고 푸른 가을 하늘처럼 순수한 어린 시절의 마음으로 당신의 꿈을 되새겨보라. 그리고 그 꿈이 이루어진 것을 믿어라. 세상이 당신을 위해 존재한다고 생각하라. 이제는 당신이 세상의 주인공이다. 그 꿈이 현실이 되는 날까지 그렇게 하라. 많은 것들이 당신이 느낄 수 없는 사이에 달라질 것이다. 마음은 기쁨과 감사로 가득 채워지고 이루 형언할 수 없는 행복이 기적처럼 다가올 것이다.

02

꿈을 적는다는 것은 희망을 심는 것이다

'자신의 꿈을 종이에 적어라.' '마음속에 둔 꿈을 글로, 그림으로 표시하라.' 그냥 하는 소리일까? 아니면 과학적으로 일리가 있는 소리일까? 과학적으로 무슨 근거가 있냐고 물어본다면 과학적 근거가 없다. 사람들 대부분은 아무런 말도 안 되는 소리라고 생각한다. 하지만 꿈을 이룬 사람들은 '종이에 써라. 사진을 찍고 보물 지도로 만들라.'고 말한다. 많은 사람이 목표를 종이에 쓴 그대로 이루어졌다고 한다. 원하는 목표를 목록으로 만들고 그 안에 희망 사항을 적는다. 정말로 그 희망이 이루어지리라고는 생각하지 못한다. 그러나 꿈 노트를 열 때마다 희망 사항을 계속 보게 된다. 그러다 어떻게 하면 희망 사항을 이룰 수 있을까? 그 순간이 가장 중요한 변화의 순간이 된다. 의식이 행동으로 바뀌는 순간이다. 구체적으로 어떻게 해야 할지 모를 때 꿈 노트에 적은 목록을 계속 마주하다 보면 어느 순간에 그것을 이루기 위해서는 어떻게 해야 하나라는 질문이 떠오르게 된다. 메커니즘이 생각에서 실제 행동 영역으로 바뀌는 순간이다. 종이에 꿈을 적는다고 저절로 그 꿈이 이루어지는 것은 아니다. 하지만 종이에 꿈을 적으면 계속 그 꿈을 생각하게 된다. 가끔 한 달에 한 번 생각해서는 그 꿈이 행동에 영향을 미치기 어렵다. 종이에 꿈을 적으면 그것을 실행해야 한다고 생각하게 된다. 이때부터 실제 행동 영역에 들어가게 되고 꿈을 이룰 구체적 방법을 생각하게 된다. 예전에는 여러 가지 조건을 달아서 부정적으로 생각했지만, 긍정적으로 생각하고 꿈을 이루기 위한 행동을 하게 된다.

과학적일까? 지금 대답은 '전적으로 그렇게 믿는다.'이다. 처음에는 막연하게 글로 적으면 꿈을 달성하게 되는 줄 알았다. 그저 오래전부터 전해오는 좋은 말로 알았다. 중간과정이 있다. 자신의 꿈을 종이에 쓰면 계속 보게 된다. 끊임없이 자신의 꿈을 생각하고 의식하다 보면 그 꿈을 이루는 방법들을 찾게 된다. 꿈을 적으면 정말로 그 꿈이 달성될 확률이 높아진다. 실제로 꿈을 이룬 사람들이 말한 대로 꿈을 종이에 적어달라는 말을 많이 들어보고 직접 종이에 꿈을 여러 번 적어본 적이 있다. 지금 생각해보니 그때 적은 꿈들이 대부분 이루어졌다. 좀 더 과감하게 적었어야 하는 것이 아닌가 하고 아쉬운 마음이 남아 있다.

　꿈을 이루기 위해 살아가는 사람과 그저 평범하게 하루하루 살아가는 사람, 누가 더 많은 시행착오를 겪게 될까? 누가 더 큰 시련과 어려움에 부딪힐 확률이 높을까? 그렇다. 전자이다. 꿈은 그냥 이루어지지 않는다. 끊임없이 도전하고 실패하는 과정에서 얻어지는 것이 성공이다. 하지만 평범한 삶을 살면 어렵고 힘겨운 일은 그다지 생기지 않는다. 늘 같은 직장에서 같은 일을 하는 사람들은 안전지대에 머물러 있는 것과 같다. 시련과 역경과 마주할 기회가 별로 없다. 자신이 꿈꾸고 바라는 일들을 위해 나아가다 보면 수많은 시행착오를 겪을 수 있다. 그러나 그런 과정에서 쉽게 좌절하거나 절망하는 것은 절대로 금물이다. 때로는 정말로 심각한 상황과 마주해야 할 때도 있다. 하지만 그런 순간에도 삶은 쉽게 멈추는 것이 아니다. 그러한 말로 표현할 수 없는 어려운 순간도 지나고 보면 귀중한 시간이었음을 깨닫게 된다. 1914년 12월, 에디슨의 나이 67세, 에디슨의 실험실은 화재로 전소가 되었다. 그 화재로 에디슨의 모든 연구 데이터들이 사라지고 만 것이다. 그 시간 에디슨은 밖에서 누군가를 만나고 있었다. 그 화재 소식을 듣고 달려온 에디슨은 그 화재 현장에서 아무것도 할 수 없이 바라볼 수밖에 없었다. 그 화재로 에디슨은 재기불능의 상태가 된 사람처럼 보였다. 그러나 에디슨은 오히려 지금까지의 모든 시행착오와 실패들이 완전히 사라졌음을 하나님께 감사했다. 지금부터는 그런 실패를 거치지 않고 바로 우리가 원하는 것을 만들 수 있다고 외쳤다. 그리고 3주 뒤에 축음기를 만드는 데 성공하였다.

당신은 성공한 인생을 위해 태어났다. 당신을 이 세상에 보내신 하나님은 당신이 성공하기를 누구보다 간절히 바라신다. 그 누구보다 당신이 행복하고 풍성한 삶을 누리기를 원하신다. 항상 기뻐하며, 쉬지 말고 기도하며, 범사에 감사하며 살기를 바라신다. 그것이 바로 하나님의 뜻이다.

당신은 하나님으로부터 꿈을 꾸고 그 꿈을 이루는 삶을 살라는 소명을 받고 이 세상에 왔다. 그 소명을 이루기 위해서 먼저 스스로 자기 자신을 돌아보아야 한다. 자기 마음을 하나님을 향해 먼저 열어야 한다. 그럴 때 성공의 씨앗이 자기 내면에 잠자고 있던 가능성을 일깨우고 꽃 피울 수 있다.

우리 모두의 내면에는 무한한 잠재력이 있다. 불가능을 가능으로 바꿀 수 있는 거인이 잠자고 있다. 이 거인은 당신이 상상하지도 못하던 것들을 이룰 수 있도록 한다. 대부분 사람은 자기 내면에 그런 거인이 잠자고 있다는 것조차 알지 못한 채 힘겨운 삶을 살아가고 있다. 충분히 지금보다 더 아름답고 풍성한 삶을 살 수 있는데도 그저 하루하루 의미 없이 평범하게 살아가고 있다. 그러나 몇몇 소수의 사람은 자신의 내부에 있는 거인이 있음을 알아차리고 말도 안 되는 꿈을 꾸고 꿈을 향해 한 걸음 한 걸음씩 나아간다. 그리고 어떠한 장애물이 나타나도 실망하거나 당황하지 않는다. 끊임없이 그들의 내면에 잠자고 있는 거인을 일깨우고 멈추지 않고 당당하게 나아간다. 마침내 그들은 이 세상을 놀라게 하고 감동을 준다.

성공한 사람과 그렇지 못한 사람의 차이는 우리가 생각하는 만큼 아주 크지 않다. 아니, 그 차이는 오히려 작고 미미하다고 말하는 것이 옳다. 그것은 바로 자기 내면에 잠자고 있는 무한한 잠재력을 알아차리느냐 그렇지 못하느냐 하는 것이다.

추진 장치가 강력한 차량일수록 짧은 시간에 목적지에 도착할 수 있다. 마찬가지로 희망이 있으면 당신을 성공의 목적에 좀 더 빨리 데려다 주는 추진 장치와 같은 것이다. 당신에게는 그저 생각만 해도 가슴이 뛰고 열정이 솟구치는 희망을 품고 있는가? 삶이라는 인생 항로에 희망보다 더 강력한 추진 장치는 없다.

자기 분야에서 최고로 인정을 받거나, 성공한 사람들은 한 사람도 예외 없이 꿈과 희망에 차고 분투해서 노력한 사람들이다. 그들이 평범한 사람들과 다른 점이 있다면 포기를 모르는 사람들이다. 누구보다 뜨거운 열정을 품고 있는 사람들이다. 원하는 목표를 위해서 목숨도 아끼지 않을 정도로 열심이다. 한마디로 모든 것을 바쳐서 노력한다. 무엇을 하더라도 원하는 그것에 관한 생각을 놓지 않는다. '어떻게 하면 좀 더 빠르게 목표에 도달할 수 있을까?' 끊임없이 질문하고 질문을 한다. 그리고 생각에 생각을 거듭한다. 그리고 무엇보다 원하는 목표를 글로 분명히 적고 날마다 그것을 바라본다.

  꿈을 적는다는 것은 아직 펼쳐지지 않는 자신의 미래를 상상하며 적는 것이다. 마치 현재에 일어난 일처럼 구체적이고도 생생하게 적는 것이다. 이것은 동서고금을 막론하고 꿈을 이뤄낸 사람들의 절대적 습관으로 통한다. 가슴 뛰는 상상을 하고 그것을 종이에 쓰면 현실이 된다. 그 누구의 간섭도 받을 필요가 없다. 가슴에 손을 얹고 세상에서 가장 하고 싶은 일, 그리고 꼭 이루어졌으면 하는 일들을 마치 현실로 착각할 정도로 아주 구체적으로 적는 것이다. 상상력에 한계를 두고 현실을 돌아보면 절대로 신이 날 수 없다. 아직 오지도 않은 미래에 대해 일부러 부정적으로 생각하는 것보다 긍정적으로 생각한다고 해서 손해 볼 일은 전혀 없다. 현재의 내 기준으로 미래를 생각한다면 그게 무슨 미래가 될 수 있겠는가. 또 다른 나의 복제일 뿐이다. 실제로 멋진 미래를 생각하고 상상할수록 긍정적인 에너지와 더불어 알 수 없는 기쁨이 가슴속에서 샘솟듯 솟아오를 것이다. 멋진 미래를 상상하는 것은 그만큼 가슴이 뛰고 설레는 일이다. 미래와 현실이 혼동되어 그 일이 모두 이루어진 것 같은 기분이라면 정말로 신이 나는 일이 아닐 수 없다. 그만큼 미래를 구체적으로 상상하고 그것을 써보면 참으로 행복하고 형언하기 어려운 희열도 느낄 수 있다. 희망으로 가득 차게 되기 때문이다. 그뿐 아니다. 실제로 주변 환경이 조금씩 변화되는 것을 직접 느끼게 되고 경험하게 된다. 무엇보다 꿈을 적는다는 것은 실제로 개개인 주변의 일과 관련되는 것들이고, 현실화하기를 간절히 바라는 내용이어야 한다. 그래야만 미래에 대해 구체적으로 상상할 수 있다. 왜 원하는지 그것을 이루고자 하는 강한 동기를 부여하고, 미래에 대한 확고한 믿음을 가질 수 있다. 현재 상황과 그 상황 가운데서 원하고 바라는 것을 함께 적는 것이다. 바로 희망을 적는 것이다.

03

지금 쓰는 한 줄의 꿈 노트가 인생을 바꾼다

"나는 반드시 대통령이 될 거야….."

"세상에서 가장 탁월한 축구선수가 되는 게 내 꿈이지."

누구에게나 이루고 싶은 간절한 꿈. 그런 꿈은 소중하고 귀하다. 그 꿈을 생각하면 금세 움츠러들었던 마음이 사라지고 희망과 더불어 자신감이 불쑥 솟아난다. 그렇다. 우리가 살아 숨 쉰다는 것이, 우리가 살아가야 할 이유가 있다면, 바로 그 꿈을 이루기 위함이 아닐까 한다. "간절히원하면 이루어진다." 이는 우리에게 친숙한 아주 단순한 희망 메시지이다. 하지만 아무런 실행도 하지 않은 채 단순히 마음으로만 원한다고 해서 꿈이 이루어지지는 않는다. 그런 식으로 원하는 것은 시간만 낭비하는 일일 뿐이다. 간절히 원한다는 말에는 그 일을 위해서는 어떤 일도 하겠다는 강한 의지가 숨어 있다. 또한, 어떤 어려움이 닥쳐도 내 꿈을 향한 행동을 막을 수 없다는 당찬 결의도 포함되어 있다. 꿈을 이루고 무언가를 성취한 사람들은 스스로 무엇을 간절히 원하는지 명확하게 알고 있던 사람들이다. 또한, 그것을 위해서 무엇을 어떻게 해야 하는지 확실하게 인식하고 있었던 사람들이다. 그래서 그들은 삶이라는 도화지에 멋진 꿈의 밑그림을 그릴 수 있었을 것이다.

"나는 할 수 있다. 나는 해낸다. 나에게는 저력이 있다. 나에게는 오직 전진뿐이다. 이런 신념을 가지는 습관이 당신의 목표를 달성시킨다. 너의 길을 걸어가라. 사람들이 무어라 떠들든 내버려두어라." 단테가 한 말이다. 이와 같은 말을 가슴에 새기고 자기가 원하는 꿈을 한 줄로 써 보는 일이 매우 중요하다. 많은 사람은 꿈조차 꾸지 않는다. 더군다나 그렇게 하는 일은 아무런 의미가 없다고 생각한다. 그러나 그렇지 않음을 꿈을 이룬 많은 사람을 보면 확인할 수 있다.

『보물지도』로 베스트셀러 작가가 된 모치즈키 도시타카는 2002년 캐치프레이즈로 '베스트셀러 작가 모치즈키 도시타카의 보물지도'로 적었다. 사실 그의 책이 일본에서 출간된 후 예상 이상의 판매율을 기록하자 출판사 관계자들 모두가 놀라워했다. 하지만 2002년 12월 전까지는 그가 그렇게 불리게 되리라고는 아무도 생각하지 못했다. 그러면 좋겠다는 막연한 기대는 했지만, 출판계가 불황이라 현실적으로 조금 어려울 것으로 생각했다. 그래도 그는 '그렇게 되면 좋겠다.'라는 정도의 가벼운 마음으로 2002년 12월이 되자 비즈니스판 『보물지도』에 '베스트셀러 작가가 되겠다는 꿈'을 당당하게 써넣었다. 매일 바라보다 보니 조금씩 기대감이 커지고 정말 그렇게 되었으면 좋겠다는 생각이 들었다고 한다. 그는 회사 직원 수강생들에게도, 수강생과 취재하러 온 잡지사 직원들에게도, 출판사 편집자에게도 그의 꿈 노트를 보여주었다. 그는 어느 순간부터 '좋아, 어차피 할 거면 제대로 한번 해보자!' 하는 결심을 하게 되었고 집필에도 더욱 심혈을 기울이게 되었다. 그 결과 2003년 5월에 그가 쓴 책이 일본 제일의 온라인 서점인 아마존의 베스트셀러 종합 순위에 당당히 1위에 올랐고, 순식간에 60만 권의 책이 판매되었다. 그 덕분에 우리나라를 포함한 몇 개 나라에서 출판계약이 성사되었고 강연과 집필 의뢰도 쏟아졌다고 한다. 바로 이것이 한 줄의 꿈 노트가 인생을 바꿀 정도로 놀라운 힘을 가지고 있다는 증거이다.

예를 들면 당신이 지금보다 더 날씬한 몸매를 원한다고 하면, 내가 원하는 몸무게를 적어보자. 그렇게 되면, 식사할 때 숟가락을 놓지 못하고 '한 입만 더 먹어야지!' 하던 습관도 고칠 수 있다. 음식도 천천히 씹어서 포만감을 느끼게 되거나, 지방이 많은 고기를 적게 먹게 된다. 물론 그동안 즐겨 먹던 빵이나, 아이스크림 등 살이 찌는 음식도 적게 먹게 된다. 거울을 볼 때마다 원하는 몸매가 되어가는 모습을 보며 행복한 기분을 느낄 수 있게 될 것이다. 결국, 시간이 갈수록 꿈의 실현이 더욱 가속화된다. 때로는 기한보다도 빨리 이루어지거나 혹은 스스로 상한선이라고 여겼던 목표보다 훨씬 넘어서서 이루어지는 경우도 생긴다. 그리고 만약 당신이 가게를 운영한다고 하면 숫자로 된 매출 목표를 구체적으로 적는다. 그것과 함께 목표를 이룰 때의 보상으로 즐길 수 있는 일들을 기획해 보는 것이 효과적이다. 예를 들면 목표를 달성했을 때 그 보상으로 호화로운 여행을 하는 것으로 정해본다. 그러면 여행을 떠올리는 것만으로도 자연스레 즐거워지고 일과 여행의 이미지가 겹쳐지면서 매일 열심히 일을 하겠다는 다짐을 스스로 하게 될 것이다.

실제로 꿈 노트에 의해 꿈이 실현될 확률이 몇 퍼센트나 되는지 확인한 사실이 있다. 물론 당사자의 꿈의 크기와 스스로에 대한 믿음과 열정에 따라 큰 차이가 있다. 그렇지만 30~40%는 당연하고, 70~80%는 충분히 가능하다고 한다. 어떤 사람의 경우 자신감도 없고, 돈과 인맥도 없었는데도 실제로 꿈을 기록한 경우 10여 년 동안 꿈이 실현된 경우는 거의 100%에 가깝다고 고백한 사람도 있다. 그렇다고 그가 특별한 사람이냐 하면 전혀 그렇지 않다고 한다. 당신도 70~80% 정도는 충분히 가능하다. 그 정도는 당연하게 여겨도 된다. 다만 그렇게 되도록 하기 위해서는 약간의 기술이 필요하다. 그중의 하나가 '자신의 사소한 변화를 깨닫고, 칭찬하며 자주 보상을 하는 일'이다. 꿈 노트를 통해 계속해서 성과를 높이고 목표를 달성하는 사람들은 어떤 사람들일까? 그들은 특별한 능력을 지니고 있지는 않다. 진행 과정을 자주 확인하고 한결같이 스스로 자신을 격려하고 칭찬한다. 조그만 성취라 할지라도 스스로 자신을 인정하고, 성취감을 자주 느끼고, 의욕과 열정을 지속적으로 유지한다. 결국, 자신감이 생기고 자신의 꿈에 대해 더 확신하게 된다. 자연스럽게 삶에 대한 여유가 생기고 마침내 원하는 목표를 달성하고 꿈을 이룬다. 이와 같은 일들을 반복하다 보면 인생이 바뀌게 되는 것이다.

"목표가 행동을 촉진하고, 성과가 행동을 지속시킨다." 켄 블랜차드의 말이다. 실제로 목표를 향해 한 걸음씩 내딛다 보면 정보도 얻게 되고, 우연의 일치로 행운도 얻고, 생각지도 못한 성과도 얻게 된다. 이럴 때마다 원하는 목표를 달성한 사람처럼 기뻐하고, 스스로 자신에게 칭찬을 아끼지 말아야 한다. 그리고 원하는 목표를 달성하지 못해도 실망할 필요는 전혀 없다. 그래도 당신이 꿈을 향해 도전하고 실행에 옮겼다는 사실을 분명히 인정해야 한다. 설령 목표의 40%밖에 이루지 못했다고 해도, 목표가 없었다면 10%도 이루지 못했을 것이다. 당신이 도전하는 과정을 겪으며 경험이 축적되고, 능력이 향상된다. 자연스럽게 도전하는 당신을 바라보며 응원해주는 사람도 만나게 된다.

대부분의 사람들은 꿈은 꿈 같은 소리로만 여긴다. 왜냐하면, 꿈을 이룰 자신감이 없기 때문이다. 그런 사람들에게 자신감을 주고 생각지도 못한 행운을 가져다줄 꿈 노트에 원하는 바를 적어보라고 권하고 싶다. 과거에 성취했던 일이나, 깜짝 놀랄 만한 성과를 올린 일, 기뻤던 일, 운이 좋았던 일, 즐거웠던 일, 스스로 대견하다고 여기는 일을 생각나는 그대로 써보자. 거기서 원하는 꿈들을 적어보자. 꿈이라고 아주 대단하지 않아도 상관이 없다. 생각하기 나름이다.

포기하지 않고 종이에 써서 목표를 이루는 사람들의 예를 들어보자. 클린턴은 예일대 법대를 졸업하고 대통령을 퇴임한 지금까지도 종이에 목표를 적는 습관을 유지하고 있다고 한다. 틈날 때마다 새로운 목표를 적고 그 목표를 달성하기 위해 노력하고 있다.

미국의 초대 대통령 조지 워싱턴은 어릴 때부터 '나는 미국에서 가장 큰 부자가 될 것이다. 나는 군대를 이끌 것이다. 나는 미국을 독립시키고 대통령이 될 것이다.'라고 적었다.

'나는 미국에서 가장 유명한 동양인 배우가 될 것이다. 나는 천만 달러의 출연료를 받을 것이다.'라고 이소룡이 친필로 적은 노트는 뉴욕 플랫 할리우드에 소장되어 있다.

목표를 하루에도 몇 번씩 떠올리고, 그 목표를 향해 가고 있음을 인지

하는 것이 매우 중요하다. 그러기 위해서는 조금이라도 진보를 했거나, 성과가 있다면 그것을 적어보는 것이 필요하다. 혹자는 그것을 '성공일기'라고 부른다.

예를 들면 '2022년 7월 말까지 직장에서 30분 이내의 한적한 곳에 2층으로 된 전원주택을 소유하는 것'이 당신의 목표라고 하자.

1월 15일 꿈 노트를 한 권 샀다. 가슴이 설렌다. 무엇이든 이루어질 것 같다.

1월 16일 오늘은 왠지 유튜브에 전원주택 영상이 눈에 띈다.

1월 17일 퇴근길에 멋진 전원주택이 눈에 들어왔다. 잔디마당과 정원수 모든 것이 마음에 쏙 들었다. 디지털 카메라에 담아두었다.

1월 18일 평소 존경하는 K 대표와 점심을 함께 했다. 그분은 지금 살고 계시는 아파트 외에도 대청호 인근에 별장으로 전원주택을 가지고 계신다고 하셨다. 전원주택의 장점, 단점을 말해주셨다. 그분의 말씀으로 장점이 더 많다고 한다. 무엇보다 전원주택을 짓고자 하면 여러 가지 정보를 주시겠다고 한다.

1월 19일 '행복한 전원생활'에 관한 내용을 읽었다. 앞으로 전원생활이 기대된다.

이렇게 작고 사소해 보이는 일이라도 상관이 없다. 당신의 목표를 위한 발걸음이라 생각한다면 자유롭게 써라. 매일 쓸 필요는 없다. 생각한 것 이상으로 훌륭한 2층 전원주택의 주인이 되어 있을 테니까.

　이제부터는 당신만의 꿈 노트를 직접 만들어보는 것은 어떨까?

04

생생하게 꿈꿀수록 현실과 가까워진다

"상상력! 그것은 진실하고 영원한 세계이다. 단조로운 이 세계는 단지
흐릿한 그림자일 뿐이다. 인간의 삶이 기법과 과학이 아니고 무엇이겠는
가?"

— 윌리엄 블레이크, 「예루살렘」

상상력은 다양한 환경에서 다양한 의미로 쓰일 수 있는 단어이다. 즉
생각, 환상, 공상, 환각 등의 의미로 쓰일 수 있다. 그러나 여기서 말하고
자 하는 뜻은 생생하게 그려내는 마음의 힘을 뜻하는 것으로 결국 건설

적이고 창조적인 그 무엇으로 정의되는 단어이다. 일반적으로 너무 고정된 형식에 얽매여 특정한 일을 하기에 부족할 때 "상상력을 좀 이용하라!"고 말한다. 따라서 '상상력이 풍부한 사람'이라고 하면 최고의 찬사로 현대를 살아가는 우리 모두에게 가장 필요한 것이다. 우리가 살아가는 세상의 모든 물건들이 결국 상상력의 결과이기 때문이다. 우리가 타고 다니는 자동차, 고속열차, 비행기, TV, 스마트폰 등 모든 첨단제품도 인간의 상상력이 과학으로 연결되어 만들어진 것이다. 그래서 블레이크는 '상상력은 바로 현실로 통하는 관문'이라고 했다.

누구든지 하나의 가정이 사실이 아닐지라도 계속 간직한다면 사실로 드러날 수 있다. 그리고 꾸준히 상상하는 것만으로 모든 것을 이룰 수 있다. 아무리 이성적으로 계획을 잘 세우고, 실행에 옮긴다고 해도 상상력이 부족하면 좋은 결과를 얻을 수 없다. 성경에 '무엇이든 기도하고 구하는 것은 받은 줄로 믿으라(마가복음 11:24).'라는 말씀이 있다. 즉 원하는 것은 상상으로 얻을 수 있다는 말이다. 진리의 세상을 만드는 것은 외부의 경험이나 사실에 의해 결정되는 것이 아니다. 상상을 얼마나 올바르게 활용했는지, 그렇지 않은지를 그대로 보여준다. 우리의 현재 상황은 우리가 과거에 상상한 결과이다. 우리의 삶의 역사를 결정하는 것은 바로 우리 자신이다. 과거 상상력의 결과가 우리의 눈에 나타나는 현재의 삶이다.

상상력을 이용하여 생생하게 꿈을 꾸고 그것이 무엇이든 우리의 상상력이 그곳에 머물고 그 상태가 된다면 우리의 육체도 중력에 이끌리듯이 바라는 모습이 될 것이다. 상상을 통해서 바라는 것에 집중하고 원하는 것들을 바라보아야 한다. 소망이 이루어진 상태를 강하게 인식하므로 창조적인 삶이 될 수 있다. 일생은 단지 원하는 것을 이루어가는 과정으로 우리가 세상을 바라볼 수 있는 수많은 의식의 상태들은 그 원하는 것들을 이루는 수단이다. 무엇보다 당신이 꿈꾸는 삶의 목적을 가지는 것이 중요하다. 목적이 없고 꿈이 없는 삶을 산다면 방황할 수밖에 없다. 진실로 원하는 것이 무엇인지 삶에 대한 목적을 분명히 할 때 삶에 대한 열정이 생기고 흔들리지 않게 된다.

우리에게는 속사람과 겉사람이 있다. 속사람의 행동은 원인이 되고 겉사람은 그 원인에 의해 나타난다. 속사람의 행동은 모든 일의 힘이 된다. 겉사람의 움직임은 속사람의 행동에 의해 생겨나는 것이다. 따라서 우리가 원하는 것이 이루어졌을 때 취하게 될 행동이 속사람의 행동과 일치하게 되면 원하는 일이 이루어진다.

자신의 꿈이 이루어지는 과정을 생생하게 구상한 후에 상상 속에서 그 행동을 취해야 한다. 그리고 모든 걸 내려놓고 잠자는 듯 느끼도록 한다. 그리고 미리 구상한 행동을 상상 속에서 그대로 실행에 옮긴다. 무엇보다 그 행동을 생생하게 시각화하는 것이 중요하다.

헬렌 켈러는 시각, 청각 장애인이었기에, 마음으로 세상을 본 빛의 천사로 노동자와 여성의 권리를 위해 싸운 여성 운동가이다. 그녀는 세계 최초로 대학 교육을 받은 장애인으로서, 작가이자 사회 복지 사업가로 널리 알려져 있다. 그녀는 장애의 절망 속에서도 희망을 경험하고 차별받는 사람들을 위해 싸우고 소외된 이들의 인권을 위해 노력한 사람이다. 그녀는 "시력은 있지만 비전이 없는 사람이야말로 가장 불쌍하다."라고 말했다. 비전이 없는 사람은 미래가 없는 사람이니, 이보다 더 불행한 사람이 어디 있겠는가. 비록 지금은 참기 매우 어려운 형편에 처해 있다고 해도, 비전이 있다면 미래는 눈부시게 변할 수 있다. 비전이 있으면 진정으로 자신만의 꿈을 품게 한다. 즉, 비전이 있으면 진정으로 좋아하는 일을 할 수 있다. 그리고 자신이 가지고 있는 잠재력은 좋아하는 일을 하게 될 때 최대한 발휘하게 된다. 동시에 무한한 상상력을 가질 수 있게 된다.

아인슈타인은 20세기 물리학 발달에 일대 충격이라고 할 만한 혁신적인 상대성이론을 발견했으며, 양자역학 이론의 발전에도 중요한 공헌을 했다. 타임지에 의해 20세기에 가장 큰 영향력을 끼친 인물로 선정되기도 했으며 흔히 아이작 뉴턴 이후 가장 중요한 물리학자로 불려진다.

그의 연구들은 산업 전반(특히 전자공학과 반도체)과 병기공학, 광학, 군사 전술, 원자력 발전과 같은 현대인의 삶과 밀접한 분야들의 핵심이 되었다. 그의 이론으로 탄생한 인공위성, 핵무기를 포함한 다양한 발명품들은 국가 간의 외교 전략을 완전히 바꾸어버렸다. 또한, 대부분의 우주에 적용되는, 알려지지 않았던 물리 법칙들을 밝혀내 인류가 자신이 속한 세계에 대해 새로운 시야를 가질 수 있게 만들었다. 그의 연구는 대부분 실험보다 이론에 의한 것으로 철저히 상상력에 의해 이루어진 것이다. 그래서 그는 '상상력이 지식보다 더 중요하다.'라고 한 것이다.

지식이 틀에 맞춰 만들어진 벽돌이라면, 상상력은 지금껏 보지 못했던 다양한 색깔과 모양을 가진 벽돌과 같은 것이다. 결국, 지식은 상상력에 의해 제대로 된 큰 힘을 발휘할 수 있다.

나폴레옹이 칭기즈 칸에 버금가는 전 세계적인 전쟁 영웅이라는 사실은 누구나 아는 사실이다. 그는 "전쟁, 그것은 상상하는 것"이라는 말을 남겼다. 그는 전쟁을 치르기 전 먼저 이기는 전쟁을 생생하게 상상했다. 여러 날 동안 먹지도 자지도 않고 상상 속에서 모의 전쟁을 하였다. 그의 군대가 완벽한 승리를 하는 모습을 생생하게 상상될 때까지 지속하였다. 그는 전쟁 영웅이기도 하지만 알고 보면 엄청난 성공을 한 사람이다. 인종차별이 심한 미국 남북전쟁 당시 흑인 노예 부모를 둔 사람이 미국 육군사관학교를 졸업하고 장군이 되어 남북전쟁을 승리로 이끌었다고 가정해 보자. 나폴레옹이 바로 그런 성공을 거둔 사람이다. 나폴레옹은 식민지 출신이라서 프랑스 정부의 지원을 거의 받지 못했다. 그의 군대는 '누더기 부대'라고 불릴 정도로 무기와 물자는 물론 군복과 군화가 형편이 없었다. 반면 그와 전쟁을 했던 이웃 나라의 군대들은 국가로부터 막강한 지원을 받고 있었다. 하지만 막상 전쟁을 벌이기만 하면 나폴레옹 군대가 승리를 하였다. 승자는 전쟁을 제대로 준비한 이웃 나라의 군대가 아니었다. 나폴레옹은 생생하게 꿈을 꾸고 상상하면 원하는 그대로 이루어진다는 사실을 거의 완벽하게 적용하였기 때문이다. 실제로 그는 자신의 불리한 현실적 상황을 바라보는 대신 빛나는 미래를 마음속으로 생생하게 바라보았다. 비록 사관학교도 뛰어난 성적으로 졸업하지 못했지만, 실전에서 승리하는 누구보다 뛰어난 장군의 모습을 그릴 줄 알았다. 귀족 출신이 아니었음에도 황제가 된 자신의 모습을 생생하게 꿈꾸었던 것이다.

나는 어릴 때 주산을 배운 적이 있다. 어느 정도 주산을 익히고 나면 암산을 배운다. 이때 암산을 하려면 먼저 주산을 머리에 그려야 한다. 숫자를 부를 때마다 머릿속에 그려진 주판알을 움직인다. 간단한 수의 계산은 물론 심지어 백만 단위의 계산도 암산으로 할 수 있다는 것을 보았다. 어린 시절 체육 실기 시험을 치기 전 그 시험을 성공적으로 치르는 모습을 생생하게 상상한 경험이 있을 것이다. 심리학자들에 의하면 이 경우 잠재력이 크게 발휘하게 되어 평소보다 훨씬 뛰어난 실력을 보인다고 한다. 실제로 올림픽에서 금메달을 딴 사람들의 소감을 들어보면 본인이 금메달을 따고 시상대에 오른 모습을 생생하게 꿈을 꾸었다고 말한 사람들이 많이 있다. 비단 체육뿐 아니라 음악이나, 다른 모든 분야에도 동일하게 적용된다. 심지어 건강이 나쁜 사람이 매일 건강한 모습을 생생하게 그리면 두뇌가 그 간절함에 영향을 받아 점점 건강한 모습으로 변하게 된다. 학생들의 경우 이해력과 기억력이 날로 좋아지는 자신의 모습을 매일 매 순간 생생하게 그리면 두뇌가 그 간절함에 영향을 받아 점차 뛰어난 두뇌로 변화된다. 현재는 꿈꿀 수 없는 놀라운 삶도 이미 이루어졌다고 믿고 온 힘을 다해 절실하게 꿈을 꾸면 언젠가 기적처럼 그런 삶을 살 수 있게 된다. 그런데 많은 사람이 세월이 지날수록 꿈꾸는 법을 잊어버린다. 고등학교 시절에는 대학에 낙방할까 두려워하고, 대학생이 되면 원하는 곳에 취업하지 못할까 걱정을 하고, 취직하게 되면 직장 내 인간관계와 주어진 업무로 스트레스를 받는다. 온 마음을 다해 미래를 생생하게 꿈꾸는 것은 엄두도 내지 못하는 경우가 많다. 이러니 인생이 원하는 대로 갈 수 없다. 마음이 미래로 향해야 삶이 창조적이고 확실히 변화된 삶을 살 수 있다.

스타벅스의 하워드 슐츠 회장은 자서전에서 스타벅스의 성공을 가져다준 원동력이 다름 아닌 상상력이었다고 했다. 이탈리아 도시의 거리를 거닐던 장면을 떠올리면서, 온갖 상상력을 동원하여 열정과 낭만이 넘치는 분위기와 행복한 사람들로 가득 찬 가로변의 작은 카페를 머릿속에 그렸던 것이 스타벅스의 신화를 창조한 것이다.

힘들고 험한 세파에 지친 마음을 버리고, 에메랄드처럼 영롱한 어린 시절의 마음으로 당신의 밝은 미래를 꿈꾸어보라. 그리고 그 꿈이 이루어진 모습을 생생하게 그려보라. 어떤 상상을 하든 당신이 상상하는 대로 이루어질 것이다. 레몬을 상상하면 입안에 침이 고이는 것처럼 행복한 상상을 하면 우리는 정말 행복해질 것이다.

"우리가 만일 상상력을 사로잡을 수 있다면 다른 사람도 사로잡을 수 있을 것이다."

－하워드 슐츠

05

성공하는 사람들은 말 습관부터 다르다

사람은 자신이 말한 대로 삶을 살아가게 된다. 그대는 지금 불행한가? 아니면 늘 기분이 우울하고 짜증이 나는가? 그대가 평소에 어떤 말을 하는지 곰곰이 되새겨보라. 혹시 "나는 불행해.", "따분해.", "나는 가난해." 라는 말을 버릇처럼 계속해왔는지 모른다. 지금부터라도 "나는 행복해.", "기분이 좋아.", "나는 부자야."라고 해보라. 이런 말들을 계속하는 사람은 말 그대로 행복하고 부유한 삶을 살게 될 것이 분명하다.

말하는 습관이 이처럼 큰 영향을 주는 것은 말이 그 사람의 사고방식을 대변하는 것이기 때문이다. 자신의 현재의 삶이 불만이라면 이제는 다른 사고방식, 다르게 말하는 습관을 지녀볼 필요가 있다. 물론 현재의 삶에 만족한다면 지금까지와 똑같은 말하는 습관을 지니면 된다.

타인에 관한 뒷담화를 하면서 불만을 해소하는 습관은 좋지 않다. 다른 사람을 험담하게 되면 당장은 기분이 나아질 수 있다. 그러나 결국 자기 자신에게 험담을 들려주는 것이기 때문에 바람직하지 않다. 함께 술을 마시는 자리에서 뒷담화 다음으로 푸념을 많이 하게 된다. 예를 들면 자신이 상사로부터 얼마나 많은 고통을 당하고 있는지 주절주절 늘어놓는다. 이러한 푸념도 바람직하지 않다. 힘들고 고생한 일들을 되새기다 보면 자기 말과 회상하는 이미지가 자율신경계를 통해 몸과 마음에 나쁜 영향을 주기 때문이다. 푸념이나 뒷담화를 많이 하는 사람들은 대부분 불행한 삶을 살고 있기 때문이다. 과거에 실패한 이야기도 마찬가지다. 다른 사람에게 공감을 주고 흥미를 줄 수가 있지만, 본인에게는 나쁜 영향을 줄 수 있다.

같은 마흔 살이라도 "이제 겨우 마흔 살이야."라며 낙관적으로 말하는 사람이 있는가 하면, "벌써 마흔 살이라니."라며 비관적으로 말을 하는 사람이 있다. 이런 말하는 습관은 두 사람의 삶을 비교할 수 없을 정도로 변화시킬 수 있어서 매우 중요하다. 10년이 지난 뒤 "이제 겨우"라고 말하는 사람은 여전히 적극적으로 살아가고 있을 확률이 높고, "벌써"라고 말한 사람은 자신이 생각한 대로 그저 그렇게 늙어가고 있을 것이다. 나이가 들수록 같은 나이라도 겉보기에 다섯 살, 심지어 열 살 이상 차이가 나 보이는 경우가 있다. 말하는 습관이 이와 같은 차이를 가져올 수 있다는 것을 자각하면 누구나 낙관적인 말하는 습관을 갖도록 노력해야 한다.

예전에는 60세라고 하면 할아버지라고 불렀다. 하지만 요즈음 60세의 이미지는 할아버지의 이미지와 상당히 큰 차이가 있다. 물론 지금의 60세의 사람들이 할아버지가 된 사람들도 많다. 손자, 손녀들을 여러 명 가진 사람들이 많다는 뜻이다. 그러나 손자, 손녀가 있고 없고를 떠나서 어떤 사람들은 노화가 빨리 진행되어 손자, 손녀가 없어도 할아버지처럼 보이는 사람들도 있고, 손자, 손녀는 많아도 그렇지 않은 사람들도 많이 있다.

"벌써 예순이라니.", "이제 나도 늙었어."라는 말이 신체적, 정신적 노화를 촉진시켜주기 때문이다. 따라서, 노화를 늦추고 건강한 삶을 원한다면 낙관적이고 긍정적으로 말하는 습관을 지녀야 한다.

하버드대학에서 성공하는 사람들의 말하는 습관을 연구한 결과를 발표한 적이 있다. 성공한 사람들은 성공할 수밖에 없는, 말하는 습관을 지니고 있고 실패한 사람들은 실패할 수밖에 없는, 말하는 습관을 지니고 있다고 한다. 학생들을 가르치는 교사라면 그것에 맞게 이야기하고, 방송국 아나운서는 자기 직업에 맞게 말을 한다는 것이다. 이는 말하는 습관이 그 사람의 의식과 사고를 만들어가고 자연스럽게 그의 삶에 나타나게 된다. 그러므로, 원하는 삶을 살고 싶다면 평소 말하는 습관에 유의하면서 원하는 삶의 모습을 생각하며 말하는 습관을 지녀야 한다.

뇌 과학자들은 '뇌가 과거만 기억하는 것이 아니라 미래도 기억한다.'라고 말한다. 미래를 기억한다는 말은 자기가 원하는 것을 머릿속에서 구체적으로 계속해서 상상하다 보면 마치 뇌가 과거에 경험한 것을 생생히 기억해내고 아직 일어나지도 않았지만 마치 실제로 경험한 일처럼 명확하게 기억한다는 뜻이다. 놀랍지 않은가! 그렇게 되면 그것이 머릿속에만 들어 있는 허황한 일로 끝나지 않고 가까운 미래에 현실로 다가오게 되는 것이다.

마음의 텃밭에 사과나무를 심으면 사과나무 싹이 트고 사과가 열린다. 그 밭에 꿈의 씨앗을 뿌리면 그 꿈은 언젠가 현실로 싹이 트게 된다. 미래를 위해 상상이라는 마음 밭에 비료를 뿌리는 방법은 간단하다. 눈을 감고 자신이 원하는 모습을 머릿속에서 구체적이고 생생하게 그려보면 된다. 그리고 미래의 꿈꾸는 것들이나 모습에 대해 고백해보자.

평소 사람들 앞에만 서면 울렁증이 심해 난감해하는 사람이라면 수백 명이 모인 강연장에서 자신 있게 강의하는 모습을 상상해보라. 부자가 되고 싶은 사람이라면 자신이 부자가 된 모습을 구체적으로 떠올려보라. 뭔가 꼭 이루고 싶은 꿈이 있는 사람은 그 꿈이 현실이 된 모습을 상상해 보라. 그리고 매일 아침 눈을 뜨자마자 꿈을 현실로 만드는 다음의 문장들을 틈나는 대로 말해보라.

"나는 말을 아주 잘하는 사람이다."
"나는 모든 면에서 건강하다."
"나는 모든 것이 갖추어진 최첨단 주택에 살고 있다."
"나는 언제든지 어디든지 여행할 수 있다."
"나의 삶에는 언제나 웃음꽃이 활짝 핀다."
"내가 하는 모든 일이 형통하다."
"나의 하루, 하루는 행복하고, 즐거운 일들로 가득하다."

이렇게 매일 아침 큰 소리로 여러 번 말한다면 하루하루가 활기가 넘치고 하는 일마다 잘 될 것이다. 그 좋은 기운을 날마다 채워가며 산다고 생각해보라. 과연 부정적인 생각이나 절망적인 상상 따위가 머릿속에 들어갈 수 있겠는가! 매사에 적극적이고 낙천적이 되고 자신에 대한 확신이 생기고 부정적인 생각들이 사라진다.

나는 과거 무언가 실수를 하거나 잘못을 하면 스스로 많은 스트레스를 주어 마음이 우울할 때가 많았다. 물론 잘못하고 실수를 한 경우에는 반성하고 뉘우치는 것이 마땅하다. 그러나 그렇게까지 할 필요가 없는 실수나 잘못에 대해서는 이렇게 말한다. "괜찮아 그럴 수 있어."라고 말한다. 살아가다 보면 누구나 완벽할 수 없다. 어쩔 수 없이 실수나 잘못을 저지를 수 있다. 예를 들면 때에 적절한 말을 해야 하는데 그렇지 못한 경우, 혹은 전혀 의도치 않게 오해를 불러일으킬 행동을 했을 때이다. 예전 같으면 여러 날 안타까워하며 스스로 많은 스트레스를 가했다. 그러나 이제는 스스로 말한다. "괜찮아, 살다 보면 그럴 수도 있어." 그리고 상대방에게 오해를 사게 했으면 진심으로 사과를 한다. 그렇게 하면 마음이 몹시 가벼워지고 스트레스를 전혀 느끼지 못한다. 마찬가지로 내가 바라는 것들이 있으면 스스로 말을 한다. 그러면 그 말대로 현실이 되는 경험을 자주 하게 된다. 예를 들면 하루를 시작하기 전 "오늘은 정말로 멋진 하루가 될 거야.", "오늘은 놀라운 일들이 일어날 거야." 이렇게 말하며 하루하루를 열어간다. 하루를 마감할 때면 하루하루가 놀랍고 멋진 날들이 되었음을 확인한다.

세계적인 화가 피카소는 평소에 입만 열면 "나는 그림으로 억만장자가 될 것이다.", "나는 미술사에 한 획을 긋는 화가가 될 것이다.", "나는 갑부로 살다가 갑부로 죽을 것이다."라고 말하곤 했다. 반면 반 고흐는 평소에 "나는 이렇게 평생 비참하게 살 것 같아.", "나는 돈과 인연이 없어.", "불행은, 나에게 언제나 가까이 있어."라고 말을 했다고 한다. 이런 말들은 실제로 그의 동생 테오에게 보낸 편지에 쓰여 있다고 한다. 두 사람 모두 천재적인 재능을 가진 화가였다. 그리고 그들이 말한 대로의 삶을 살았다.

결국, 모든 것은 생각하는 대로, 말하는 대로, 꿈꾸는 대로 이루어진다! 어제의 생각이 오늘의 당신을 만들었고, 오늘의 생각이 당신의 내일을 만든다. 당신은 지금 어떤 생각을 품고 있는가. 무슨 말을 하며 살고 있는가. 무엇을 꿈꾸고 있는가. 당신의 삶을 바꾸고 미래를 밝히는 그 강력한 에너지는 바로 당신의 머릿속에서부터 시작된다는 사실을 잊어서는 안 된다.

06

충만한 삶을 살려면 꿈을 적어라

꿈이 이루어진 모습을 생생하게 그리며 노트에 적으면 이루어진다는 이야기는 이미 널리 알려져 있다.

충만한 삶이란 어제보다 오늘이, 오늘보다 내일이 더 기대되고 알찬 삶이라고 정의하고 싶다. 살다 보면 때로는 좋은 일도 생기고 때로는 나쁜 일도 생기는 것이 우리가 사는 인생살이다. 항상 좋은 일만 있으면 더 이상 말할 필요도 없다. 그러나 나쁜 일이 오히려 미래에 더 도움이 되기도 하고 기회가 되었다는 이야기도 많이 있다. 좋은 일이 오히려 미래에 독이 되었다는 이야기 또한 많이 들어본 이야기이다. 충만한 삶이란 좋은 일 나쁜 일을 떠나서 언제나 주어진 삶을 바라보는 마음가짐이 변하지 않고 내일을 기대하는 마음으로 가득한 상태이다.

'너는 커서 무엇이 되고 싶어?' 누구나 어릴 때 이런 질문을 받는다. 대부분 같은 대답을 하기보다 그때, 그때 다르게 대답을 한다. 어린이의 관점에서 볼 때 멋있게 보이는 사람을 닮고 싶기 때문이다. 그래서 때로는 선생님이 되고 싶기도 하고, 때로는 경찰이 되고 싶은 것이다. 무엇이 되고 싶은지 확실히 알지 못하면서도 한 가지는 정해야 하기에 어쩔 수 없이 말하는 것이다.

나 역시 어릴 때 무엇이 꼭 되어야지 하고 결심한 적이 없다. 뚜렷한 목표도 없었고 꼭 무엇이 되어야 한다는 의지도 없었다. 그 당시 대부분의 친구들처럼 공부를 열심히 해 좋은 대학에 진학하는 것을 제일 중요하게 생각하였다. 성적에 맞추어 대학을 선택하다 보니 학과는 크게 문제가 되지 않았다. 점수에 맞게 좋은 대학에 합격하는 것을 더 중요하게 생각했다. 장래에 무엇을 할 것인가 보다 대학교 간판을 더 중요하게 여겼다. 그 당시 꿈보다 성적이 더 중요하고 학교가 더 중요했던 것이다. 국어, 영어, 수학을 잘하지 못하면 하고 싶은 일도 못 한다고 한다. 사실 맞는 말이다. 국어, 영어, 수학 성적이 좋아야 가고 싶은 학교와 학과를 갈 수 있기 때문이다. 하지만 아무리 성적이 좋아도 하고 싶은 일이 없다면 더 문제다. 그러나 대학에 입학하고서도 더 좋은 대학에 가기 위해서, 또는 적성에 맞지 않아서 수능 공부를 다시 하는 경우가 많다. 이와 같은 문제를 해결하기 위해서 왜 공부를 해야 하는지 분명하게 알려주어야 한다. 공부하는 시간 대신에 꿈을 찾고 하고 싶은 일을 찾도록 해야 한다. 그동안 꿈이라는 것을 꾼 적도 없다. 그저 하루하루 최선을 다해 살면 그만이라는 생각으로 살아왔다면, 지나간 시간은 되돌릴 수 없기에 지금부터 나는 무엇을 해야 하는 것이 좋을지 스스로 자신에게 물어보고 적어보아야 한다.

나의 경우는 "모든 면에서 건강하기"다. 건강해야 하고 싶은 일을 할 수 있기 때문이다. 나이가 들수록 신체가 여기저기 퇴화해가지만 노력에 따라서 얼마든지 건강을 유지할 수 있기 때문이다. 나는 잇몸이 약하여 잇몸 관리와 더불어 치아 관리를 좀 더 철저히 하려고 노력한다. 그동안 잇몸이 약해서 건강한 이빨이 저절로 빠지는 바람에 수년에 걸쳐 잇몸수술과 더불어 상당수의 임플란트를 하였다. 이로 인한 고통과 더불어 시간과 수술비 또한 상당히 많이 들었다. 그래서 워터픽과 치간칫솔, 전동칫솔을 구입하였다. 그리고 잇몸소독제도 구입하여 보다 철저히 잇몸과 치아를 관리하려고 노력하고 있다. 그리고 건강을 위해서 알맞게 먹기, 걷기, 달리기, 팔굽혀 펴기를 꾸준하게 하고 있다. 이렇게 할 수 있었던 이유는 나의 꿈 노트에 이러한 실천사항들을 적었기 때문이다. 꿈을 통해 어떻게 살고 싶은지 고민했기 때문에 꿈 노트를 볼 때마다 스스로 자신에게 동기를 부여할 수 있었다. 꿈은 무엇이 되고, 무엇을 가지는 것이 전부가 아니다. 어떻게 살 것인지도 함께 고민해야 한다. 건강에 자신감을 잃어가던 내가 꿈 노트에 적지 않았다면 이런 구체적인 노력을 하지 않았을 것이다. 명확한 꿈과 그 이유에 대해 꿈 노트에 적었기 때문에 도중에 포기하지 않고 꾸준하게 실천해올 수 있었다.

그리고 "베스트셀러 작가 되기"를 두 번째 꿈 노트에 적었다. 솔직히 글쓰기에 재주가 있는 것은 아니다. 그렇다고 그동안 글을 많이 써본 경험도 없다. 다만 그동안 살면서 내가 알고 있었던 좋은 경험을 다른 사람들에게도 전해주고 싶은 바람이 있었다. 그래서 막연하게 책을 써야지 하는 바람을 늘 마음에 품어왔다. 지금 이 책을 당신이 읽고 있다는 것은 내가 그 꿈에 다가가고 있다는 증거이다.

혹자는 꿈을 적는다고 해서 정말로 이루어진다고 믿지 않는다. 그렇게 믿지 않는 사람들은 아마도 명확한 꿈이 없었거나, 있다고 해도 구체적으로 적지 않았을 것이다. 그리고 꿈을 이루기 위한 간절함이 없었기에 아무런 노력도 하지 않았을 것이다.

나는 꿈을 이룬 사람들의 이야기를 읽으면서 그들 모두 꿈을 명확하게 그리고 적었다는 사실을 알았다. 나도 나의 꿈을 적고 그 꿈을 위한 노력을 기울여왔다. 이러한 노력이 결코 헛되이 물거품이 되지는 않으리라 확신한다. 나도 꿈을 적지 않는다면 나의 꿈을 실현하기 어려울 것이다. 꿈을 노트에 쓰는 순간 그 꿈을 읽을 기회가 주어진다. 그리고 자신이 썼던 꿈을 읽을 때마다 그 꿈을 위해 내가 무엇을 해야 하는지 물어보게 된다. 그 질문에 대한 답을 찾기 위해 여러 가지 실행 방법을 찾고 구체적으로 행동을 하게 된다. 그런 과정은 결국 꿈을 이루도록 한다. 꿈을 이루기까지 얼마나 걸릴지 알 수 없지만 결국 꿈을 이루게 된다. 이러한 과정 하나하나가 우리의 삶을 충만하게 한다.

수많은 사람이 꿈을 노트에 적었고 적은 대로 이루었다. 꿈을 노트에 적는 순간 그 꿈을 다시 읽을 기회를 얻게 된다. 그리고 자신이 적었던 꿈을 볼 때마다 그 꿈을 이루기 위해 무엇을 해야 하는지 스스로 자신에게 묻고 답을 찾기 위해 실행을 한다. 그런 과정은 결국 꿈을 이루도록 한다. 이것이 꿈을 이루어주는 '적기'의 힘이다. 꿈을 찾거나 꿈을 이루고 싶다면 먼저 그 꿈을 적어보기 바란다. 꿈 노트는 자신이 무엇을 원하는지 알게 해주고 자연스럽게 그 꿈을 이루기 위해 노력하는 삶을 살아가게 한다. 반드시 거창한 꿈이 아니어도 좋다. 어떤 꿈도 작은 것부터 시작해야 그 꿈에 대한 성취감을 자주 느끼게 되고 결국 큰 꿈도 꾸게 되고 풍성한 삶을 살게 된다.

"월 매출 10억 엔이 이루어지면 모두 하와이로 여행갑니다!" 연 매출이 10억의 절반인 5~6억 엔일 때, 이나모리 가즈오는 이와 같은 목표를 회사에 걸어놓고, 전 직원과 함께 그 목표가 이루어진 모습을 생생하게 그리고 마치 그 목표가 달성한 것처럼 행동했다.

손정의는 1980년 2월, 아르바이트 학생 두 명과 함께 창업하면서 "5년

이내에 100억 엔, 10년 안에 500억 엔, 그 이후로는 수조 원대 규모의 자산 가치를 지닌 기업으로 만들 것이다."라는 목표를 적고 외쳤다. 그 당시 아르바이트 학생들에게 월급도 제대로 줄 형편도 안 되는 처지였다. 하지만 그의 꿈은 모두 이루어졌다.

누구든지 꿈을 이루고 싶다면 우선 꿈 노트를 마련하라. 그 노트에 원하는 꿈을 적는다. 물론 적으면서 그 꿈이 이루어진 모습을 생생하게 상상하고, 적은 내용을 소리 내어 읽어야 한다. 꿈을 적을 노트는 무엇이든 상관이 없다.

이루고 싶은 소망은 많이 적을수록 좋다. 10여 가지도 괜찮고, 100여 가지도 괜찮다. 될 수 있으면 과감하게 적어라. 충만한 삶을 위한 것이라면 무엇이든지 담대하게 적어라. 다만 적을 때는 원하는 내용을 분류하여 그룹화하여 적기를 바란다. 예를 들면 첫 번째로 갖고 싶은 물건, 두 번째는 되고 싶은 사람, 세 번째는 원하는 관계 등으로 분류할 수 있다. 또한, 그것은 개인적 소망이 될 수 있고 두 번째는 부모, 형제, 자녀 등 가족을 위한 소망이 될 수 있으며 세 번째는 지역사회, 국가, 전 세계를 위한 소망으로 분류할 수 있다. 적는 횟수는 자유롭게 정하면 된다. 매일 10번씩 혹은 김승호 회장처럼 매일 100번씩 반복해서 적었던 것처럼, 그 것이 이루어질 때까지 꾸준히 반복해서 적는 것이 좋다. 적은 내용을 매일 소리 내어 말하라. 마치 그것이 이루어진 것처럼 생생하게 상상하고 느껴야 한다. 꿈이 이루어지는 속도는 생생하게 느끼는 정도에 비례한다. 단, 조건이 있다. 꿈 노트에 적은 내용이 반드시 이루어진다는 것을 진심으로 믿어야 한다. 누가 뭐라고 말해도 흔들리지 않아야 한다. 어떠한 어려움에 직면해도 반드시 이루어진다고 믿어야 한다. 그 믿음은 절대로 배신하지 않고 꿈이 이루어지도록 한다. 꿈을 노트에 적고 그 꿈이 이루어진 모습을 상상하는 힘은 놀랍다. 꿈을 이루기 위해 먼저 적어보자. 당신의 삶이 얼마나 풍성해지는지 경험하게 될 것이다.

07

꿈을 꾸는 한 한계는 없다

꿈을 꾼다는 것은 자신의 한계를 생각하지 않는 것이다. 자신의 능력이나 한계를 제한하면 그만큼 꿈의 크기도 줄어든다. 말도 안 되는 꿈을 꾸고 그 꿈을 실현 사람들은 "자신의 능력을 아주 별 볼 일 없는 것으로 착각하기 때문에 꿈조차 꾸지 못하고 자신에게 다가온 기회조차 잡지 못하는 경우가 대부분이다."라고 말한다. 사람의 능력이란 태어날 때부터 정해져 있어서 커지지도, 작아지지도 않는다고 생각한다. 머리카락이나, 눈의 색깔을 바꿀 수 없는 것과 마찬가지로 바꿀 수 없다고 믿고 있다. 이와 같이 사람의 능력은 불변의 법칙과 같아서 바꿀 수 없다고 생각하거나, 바꿀 수 있다고 해도 매우 제한적이라고 생각한다. 이와 같은 생각은 크게 잘못된 생각이다. 실제로 사람의 능력은 매우 유연해서 상황에 따라 거의 무한대로 늘이고 줄일 수 있다. 마치 고무줄처럼 늘였다 다시 줄일 수 있는 것이다. 자신이 가진 능력을 고무줄처럼 크게 늘려서 원하는 삶 이상으로 살 수 있다. 수많은 사람은 원래 가지고 있는 자신의 능력을 부정하고 불안, 선입견, 나약한 마음으로 채워가며 자신이 원하는 대로 살지 않고 있다. 자신의 능력 일부만 사용하고 있다. 자기가 가지고 있는 땅에 보석들이 가득 묻혀 있지만, 채굴을 방해하는 장애물을 제거하기는커녕 오히려 늘려가면 아무런 소용이 없다. 마찬가지로 이와 같은 보석들도 스스로 자신의 한계를 제한하는 순간 자신의 것이 될 수 없다. 잠재적으로는 엄청난 가치를 가지고 있지만 채굴하지 못하는 보석은 아무런 가치도 없고, 원하는 것과 바꿀 수 없기에 보석은 존재하지 않는 것과 같은 것이다.

마찬가지로 자신의 능력에 여러 가지 마음의 벽으로 제한해버린다면 숨겨진 능력은 개발되지 않고 삶에 아무런 영향도 미칠 수 없다. 사람들 대부분은 '저 사람만큼 재능과 기회가 있다면, 저 사람의 탁월함이 나에게 있다면 원하는 일을 할 수 있을 텐데'라고 생각한다. 사실 누구든지 자신에게 맞는 일을 할 수 있도록 재능과 필요한 능력을 지니고 태어났다. 그러나 처음부터 잘할 수 있는 것은 아니다.

아인슈타인은 과거 한때 직장도 없었고, 인간관계도 좋지 않았으며,

물리학에도 그다지 두각을 나타내지 못했다. 그런 상태에서 특허청에 취직했지만, 그가 진심으로 원하던 직장은 아니었다. 그런데 그가 자신의 삶을 자세히 들여다본 결과 지난날의 부정적인 생각들이 오늘을 실패하게 만들고, 오늘의 부정적인 생각이 실패한 내일을 만들고 있음을 깨달았다. 부자가 되려면 기본적으로 자산이 어느 정도 있어야 하고 사회적으로 명예를 얻으려고 한다면 각계각층에 인맥이 많아야 한다고 생각했다. 학문적으로도 성공하려면 학계에서 어느 정도 인정받는 위치에 있어야 한다고 믿고 있었다. 그는 상대성이론에서 즉 이와 같은 과거의 잘못된 생각이 오늘의 성공에 장애가 되고 현재의 잘못된 미래 생각이 내일의 성공에 장애가 된다는 사실을 깨달은 것이다. 다시 말해 성공할 수 있는 조건이 되어야만 성공할 수 있다는 고정된 믿음이 성공할 수 없는 현실을 만들었다는 것을 알아낸 것이다. 아인슈타인은 지나간 어제와 오늘은 내일과 아무런 상관이 없다는 사실을 인정했다. 지난날 아무리 잘못된 삶을 살았든, 오늘 그저 그런 삶을 살고 있든, 그에 상관없이 얼마든지 빛나는 내일을 만들 수 있다고 믿게 되었다. 그 결과 시간과 물질에 대한 고정관념을 바꾸기로 하였다. 그리고 그는 크게 부자가 되고, 명성도 얻고, 학문적으로도 크게 성공하고 싶은 꿈을 꾸었다. 그가 근무하고 있는 특허청을 떠나 물리학을 마음껏 연구하며 자유롭고 풍성한 삶을 누리고 싶었다. 또한, 노벨물리학상도 수상하고, 대중들에게도 널리 사랑을 받는 그런 사람으로 살기를 꿈꾸었다. 그 당시 아인슈타인이 처한 상태로서는 절대로 이룰 수 없는 현실이었다. 하지만 상대성이론을 적용해 본다고 하면 불가능한 것도 아니었다. 상대성이론을 적용해 그가 원하는 꿈에 적용을 한 것이다. 그리고 그가 원하는 미래에 대해 생생하게 바라고 마치 이루어진 것처럼 믿었다. 아인슈타인은 이론 물리학자였기 때문에 실험실에서 실제로 실험을 해야만 하는 것은 아니었다. 그는 상상 속에서 실험했다. 그러나 단순하게 가상의 실험을 한 것이 아니었다. 실제 실험하는 것과 비교할 수 없을 정도로 아주 치밀한 실험이었다. 현실 세계에서는 실험하는 사람의 실수나 실험기기의 한계 등으로 얼마든지 오차가 발생할 수 있다. 그의 상상 세계에서 행한 실험은 한 치의 오차도 없이 완벽했다. 예를 들면 사람이 현실 세계에서 그리는 사각형은 절대 불완전한 사각형이다. 아무리 완벽하게 보이는 사각형이라고 하더라도 초정밀현미경으로 관찰하면 선이 일부 튀어나와 있거나, 꼭짓점 위에 선이 닿지 않는 이상한 도형으로 보인다. 하지만 상상의 세계에서는 얼마든지 완전한 사각형을 그릴 수 있다. 아인슈타인은 완벽한 실험을 가능하게 한 그 뛰어난 상상력으로 그가 원하는 한계를 두지 않고 미래를 마음껏 그렸다. 지금 현재 처한 현실로 볼 때 도저히 이루어질 수 없는 최고의 세계를 꿈꾸었다. 그 결과는 말할 필요도 없다. 아인슈타인은 유명한 물리학자가 되었고 노벨상도 받았다. 영국의 천문학자 에딩턴이 개기일식 관측을 통해서 상대성이론이 옳다는 것을 증명하였다. 이 사실로 그는 순식간에 세계적으로 유명한 사람이 되었다. 결국, 그는 그가 꿈꾼 것, 그 이상으로 학문적, 사회적, 경제적인 성공을 이룬 것이다.

대부분의 사람들은 꿈보다 현실을 더 바라보며 살아간다. 나 역시 마찬가지다. 그러나 생생하게 꿈을 꾸면 현실이 된다는 진리를 믿고 있다. 더욱 열심히 마음을 새롭게 하고 기도하며 내가 원하는 것을 위해 노력하고 있다. 단순하게 꿈만 생생하게 꾸는 것이 아니다. 실제로 아인슈타인은 엄청난 양의 책을 읽고 상상 실험을 한 것이다.

헬렌 켈러는 수많은 장애를 극복하고 사람이 가진 능력을 최대로 끌어낸 좋은 본보기가 된다. 두 살이 채 되기 전에 청각, 시각, 언어 장애를 모두 끌어안게 된 사람이 어떻게 세상을 살아갈 수 있을지 상상이 되지 않는다. 더구나 누구보다 훌륭하게 다른 사람들에게 유익을 주는 영향력이 있는 사람이 된다는 것은 그야말로 인간의 한계를 뛰어넘지 않고서는 불가능한 일이다. 그런데 헬렌 켈러는 인류역사상 누구보다 봉사를 많이 하고, 수많은 사람에게 많은 용기를 불어넣어 주었다. 사람에게 뛰어넘지 못할 장애가 없다는 것을 증명해 보였다.

누구든지 꿈을 생생하게 꿈을 꾸고 마치 이루어진다고 믿는 사람들에게도 이와 같은 기적과도 같은 일들이 일어날 수 있는 것이다. 그렇게 하기 위해서는 먼저 당신의 마음에 깊이 뿌리박혀 있는 부정적인 생각을 제거해야 한다. 불안, 걱정, 두려움 등 마음을 어둡게 하고 사기를 낮추는 생각들은 당신의 능력을 크게 낮추고 만다. 절망, 공포, 시기, 질투 등은 모두 당신의 잠재된 능력을 발휘하지 못하도록 발목을 잡는 것이다.

마음이 불안하고, 기분이 나쁘고, 화가 나 있으면 우리가 가진 잠재 능력을 전혀 발휘할 수 없다. 그 반대로 마음이 평안하고 기분이 좋고 즐겁고 행복하다면 우리의 잠재된 능력은 크게 발휘될 수 있다. 자신감이 넘치고 에너지가 흘러넘칠 때 무언가를 계획하고 실행하면 생각 이상으로 잘된다. 확고한 신념을 가지고 할 때 우리가 목표하는 바를 달성한 경험이 있을 것이다. 따라서, 그와 같은 마음을 항상 유지한다면 당신의 잠재능력은 언제나 크게 발휘할 수 있게 되는 것이다. 반면 자신이 없거나, 의심을 품고 있으면 우리의 잠재능력은 작아지고 만다. 자신에게 부정적으로 말을 하거나, 마땅히 해야 할 일들을 평가절하한다면 아무리 당신의 잠재능력이 브람스, 피카소, 칸트, 호날두에 필적할 만한 것이라 해도 아무것도 이루지 못할 것이다. 자신의 한계를 정해버리는 마음이야말로 당신의 능력이 발휘되지 못하도록 방해하는 가장 큰 요인이다.

사람은 누구나 자신이 생각하는 이상으로 엄청난 능력을 발휘할 수 있다. 대부분 궁지에 몰리거나 강한 동기 부여를 받게 되면 그럴 수 있게 된다. 그리고 꿈을 생생하게 꾸고 마치 이루어진 것처럼 행동할 때는 더욱 확실하게 능력을 발휘할 수 있다. 사람의 잠재능력을 끌어올리는 기구가 있다면 아무리 많은 돈을 주더라도 살 가치가 있다. 바로 생생하게 꿈을 꾸고 마치 이루어진 것처럼 행동하는 것이다. 그 어떤 장애물이 있어도, 당신에게는 이미 그 꿈을 달성할 수 있는 능력이 충분히 숨겨져 있다. 가난의 굴레에서 벗어나 억만장자가 될 능력이 숨겨져 있다. 무엇보다 마음의 영토를 넓히는 것이다. 광대한 꿈의 영토를 무한대로 넓히는 것이다. 그러면서 원하는 꿈을 차곡차곡 쌓아두고 불씨를 붙이는 것이다. 꿈이 폭발하면 한계가 없게 되는 것이다.

08

나만의 꿈이 아니라면 '짝퉁' 인생이 된다

우리는 대부분 어려서부터 부모님으로부터 꿈을 강요당하며 살아왔다.

"의사가 되어라." "판사나 변호사가 되어라." "무엇보다 공무원이나 공기관에 근무하는 것이 좋아."

정작 부모님 자신들은 이루지 못한 것들을 자녀들에게 강요하는 것이다. 그리고 그 영향을 받고 자란 우리 기성세대들도 자식들에게 꿈을 강요하기도 한다.

내 의지와는 상관이 없는 꿈을 강요받은 사람 중에는 부모님의 꿈을 이룬 사람도 있고 그렇지 못한 사람들도 분명히 있다. 그 꿈을 이룬 사람들에게는 부모님의 꼭두각시 정도밖에 될 수 없다. 스스로 꿈을 꾸고 스스로 꿈을 이루어야만 성공이라고 표현해야 할 것이다. 그 꿈을 이루지 못한 경우에도 주체가 누가 되느냐에 따라서 실패도 될 수 있고 그렇지 않을 수 있다. 부모님께 강요받았을 경우는 실패가 아니다.

그러나 여전히 그 꿈을 찾지 못하고 방황을 하고 있다면 무엇보다 자신의 길을 찾기 위해 집중을 해야 한다. 어렸을 때는 부모님의 생각이 절대적이라 해도 성인이 되어서는 자기 삶에 책임을 져야 한다. 안타깝게도 성인이 되어서도 자신이 주체가 되어 살지 못하고 남들에게 이끌려 다니는 사람들이 많이 있다. "그 나이에 무슨 꿈, 정신 차려, 언제까지 꿈만 꿀 거야!" 먹고 살기에도 힘든 현실 앞에 이와 같은 부정적인 반응에 쉽게 포기하고 만다. 그들의 생각에 금방 현혹되어 꿈을 꾸는 것조차 방해하는 사람들의 생각에 쉽게 무너지고 만다. "이 나이에 무얼 할 수 있겠어, 괜히 헛된 꿈에 사로잡혀 딴생각하면 안 되지!" "고생하는 아내를 두고 내 생각만 해서는 안 되지!"

이러한 사람은 자신의 꿈에 대한 믿음이 없는 사람이다. 또한, 여전히 자기 생각대로 살지 못하고 다른 사람들에게 이끌려 살아도 그것을 인식하지 못하고 있는 사람이다. 주변의 부정적인 시선과 말에 쉽게 흔들린다면 내 인생을 위한 꿈을 확실하게 꿀 수 없다. 다른 사람들의 말에 쉽게 흔들리고 힘들게 찾은 꿈도 한순간에 포기해버린다. 치열한 경쟁 사회에서 살아가고 있는 당신은 누군가와 경쟁해야만 한다. 당신이 잘되는 것을 못 참고 시기하고 질투하여 당신이 무엇을 하고자 하면 경쟁자는 뒤처지지 않을까 염려하는 것이다. 대부분 사람은 그런 사람들의 부정적인 말과 행동에 너무 쉽게 흔들린다. 결국, 자신의 꿈을 위한 시도조차 하지 못하고 포기하고 만다. 자기 능력을 계발하고 발전할 생각은 하지 않고 다른 사람들의 꿈을 방해하는 사람들 속에 빠져들게 된다.

안타깝게도 당신이 그들의 생각에 굴복하는 순간 그들은 속으로 기뻐할지도 모른다. 지금부터라도 그들의 속마음을 알았다면 더 이상 그들에게 이끌려가서는 안 된다. 자기 삶을 스스로 찾고 주도적으로 이끌어가야 한다.

당신이 잘되기를 바라는 사람들은 자신에 대한 믿음과 확신이 있다. 그런 사람들은 절대로 부정적인 말과 행동으로 당신의 꿈을 훼방하지 않는다. 오히려 격려와 응원을 해준다. 또한, 당신으로부터 힘을 얻고 자신의 꿈을 향해 전진하는 데 힘을 쏟는다.

꿈은 얼굴과 같다. 세상에 오직 한 사람 나와 꼭 같은 얼굴을 가진 사람은 단 한 사람도 없다. 비슷하게 닮았거나 성형 수술로 어느 정도 닮게 할 수 있지만, 완전히 똑같은 얼굴은 없다. 사람마다 그 생김새가 천차만별인 이유는 사람이 이 세상에 태어나기까지 부모를 비롯한 수많은 요인의 영향을 받기 때문이다. 설사 부모가 같은 쌍둥이로 태어난다 해도 완전히 일치하지 않는다.

꿈도 마찬가지로 완전히 일치하지 않는다. 각 사람의 꿈도 우리의 얼굴이 제각기 다른 것처럼 매우 다양하다. 각 사람이 자라난 주변 환경, 교육, 타고난 재능, 경험, 종교 등 수많은 요인이 합쳐져서 꿈이 태어난다. 원하는 꿈을 이룬 사람들은 그에게 가장 적합한 꿈을 꾼 사람들이다. 따라서 이 세상에 꿈이 비슷할 수 있지만 아주 똑같을 수 없다. 운동선수, 가수, 의사, 선생님 등 그 역할만 보았을 때 유사하게 보일 수 있다. 그러나 좀 더 세밀하게 관찰하면 개개인만의 이야기를 지니고 있다.

예를 들면 운동선수라고 하더라도 축구, 야구, 배구, 수영 등 아주 다양하다. 그리고 같은 종목인 축구선수라고 하더라도 맡은 역할이 모두 다르다. 똑같은 운동선수라고 하더라도 '손흥민처럼 되고 싶다'와 '황의조처럼 되고 싶다'는 전혀 다른 것이다. 똑같은 배우라고 하더라도 '현빈처럼 되고 싶다'와 윤여정처럼 되고 싶다가 다른 것과 같은 것이다.

윤여정이 훌륭한 것은 단지 배우이기 때문만은 아니다. 그녀만의 독특한 얼굴, 목소리, 더불어 그녀만의 독특한 스토리가 연기를 만들어온 윤여정이라는 사람이기 때문에 배우라는 역할이 돋보이는 것이다. 그러나 꿈을 이제 막 꾸기 시작하는 사람들은 이를 구분하기 어렵다. 겉으로 드러난 배우라는 직업이 그녀를 화려하게 해준다고 믿는다. 그러므로, 아무런 생각 없이 "내 꿈은 바로 윤여정 같은 배우야!"라고 한다. 그리고 그녀를 무조건 따라 하려고 한다. 이는 누군가가 가지고 있는 모습만을 보고 무작정 따라 하려고 하는 것과 같다. 자신이 가지고 있는 본래의 모습이 어떤 연기를 펼칠 수 있는지 제대로 파악하지 않고 하는 것과 같은 것이다. 분명한 사실은 그녀의 모습을 완벽하게 흉내를 낼 수 없다는 것이다. 겉모습만으로 비슷하게 연기를 할 수 있을지 모르지만, 그녀만 가지고 있는 독특한 내면의 세계와 연기는 절대로 넘을 수 없다. 평생 누군가의 '짝퉁'이 되고 마는 것이다.

대부분 사람은 명품이라면 부러워하고 가지고 싶어 한다. 가끔 유명 백화점에서 명품을 세일한다고 하면 이른 새벽부터 줄을 서서 기다리기도 한다. 명품을 소유하고 있으면 그만큼 소장의 가치가 높기 때문이다. 단순한 상품으로서의 가치 말고도 보이지 않는 가치가 함께 존재한다. 남이 갖지 않은 것을 가지게 되는 우월감, 자신감도 느낄 수 있고 왠지 자신의 가치도 높아지는 느낌이 들 수도 있지 않을까 한다. 그래서 많은 돈을 지불해서라도 명품을 소유하려고 한다. 나는 아직 명품의 가치를 크게 느끼지는 못한다. 그러나 작은 물건 하나라도 브랜드가 있는 제품이 디자인이나, 품질면에서 만족도가 높았던 것 같다. 그래서 가끔은 값이 비싸더라도 명품을 사게 된다.

　명품을 소유하고 있으면 그에 걸맞는 품격을 갖추는 것이 중요하다. 명품으로 온몸을 치장했지만, 품위가 떨어지는 언행은 자신의 가치는 물론 온몸을 두르고 있는 명품의 가치마저 볼품이 없게 한다. 안타깝게도 사람들은 명품을 소유하는 데만 집중하고 자신을 명품인생으로 만드는 데는 관심이 별로 없다. 몇십만 원, 몇백만 원 심지어 수천만 원 이상의 명품을 사는 데 돈을 아끼지 않는다. 그러면서 몇만 원, 몇십만 원의 도서 구매비, 강의료 등의 자기 계발에는 대부분 인색하다. 아무리 가치가 높은 고가의 명품으로 치장을 한다 해도 스스로 명품이 되지 못하면 그 가치는 오래가지 못한다. 사람들은 누구나 명품의 유혹에 흔들린다. 돈이 많아서 고민하지 않고 소유할 수 있으면 큰 문제가 되지 않지만 그렇지 못하면 대부분 실리를 따지게 된다. 명품을 소유하여 당장 그 기분을 만끽할 것인가, 명품인생을 만드는 데 투자를 하여 명품 미래를 꿈꿀 것인가 하고 고민한다. 대부분 이도 저도 하지 못하지만 당장 눈앞의 명품에 눈이 멀기보다 명품인생에 눈을 밝혀야 한다. 그러나 명품을 소유한 자신만의 명품인생을 선명하게 꿈꾸어야 한다. 멀지 않은 장래에 그토록 원하던 명품을 아무런 갈등 없이 소유할 수 있는 그런 날들을 생생하게 꿈꾸어야 한다.

명품을 부러워하는 인생이 되지 말고 스스로 명품이 되기를 간절히 꿈꾸어야 한다. 자기 이름 세자가 최고의 브랜드가 되는 인생을 소망해야 한다. 명품을 사기 위해 목숨 거는 인생이 아니라 자기 삶을 명품으로 만드는데 목숨을 걸어야만 한다. 명품을 부러워하지 말고 자기 삶이 명품이 되어야 한다. 인생 자체가 가치가 있고, 세련되고 매력이 넘치는 그러면서 고귀한 명품인생이 되어야 한다. 보석으로, 시계로, 가방으로 신발로 치장하는 인생이 아니라 누구도 흉내를 낼 수 없는 자기 삶이 유일무이한 명품이 되는 그런 것을 꿈꾸어야 한다.

자신의 의지와 무관하게 겉보기에 좋은 명품을 좇아가서는 명품인생이 될 수 없다. 나 자신의 자아를 제대로 성찰하고 나 스스로가 주체가 되어야 한다. 나 자신이 누구인지 분명히 깨닫고 어제와는 다른 새로운 삶에 온통 마음을 쏟고 싶다. 사람들에게 비추어지는 내 모습에 마음을 쓰지 않기로 했다. 지금까지는 다른 사람들이 나를 어떻게 생각할까에 마음을 얼마나 많이 두었는지 모른다. 지금까지 살아온 나의 삶은 어쩌면 짝퉁 인생이 아닌가 한다. 남의 눈치를 보고, 남의 생각이 어떠한지에 마음을 많이 기울이고 살았다. 내가 나의 인생의 운전사가 아니었다. 이제 내가 나를 이끌어가고 싶다. 어차피 다른 사람들이 나의 꿈을 이루어주지 못한다. 이제 더 이상 꿈 앞에 망설이지 않는다. 평범한 나의 삶에 가치를 더해줄 그러한 것에 우선 투자할 것이다.

그래서 역시 나만의 색깔로 나 자신을 명품인생으로 만들기를 소망하고 있다. 세상 사람들처럼 명품만을 따라가는 삶이 아님을 참으로 다행스럽게 생각한다. 나는 아직도 나를 진정으로 명품으로 거듭나게 할 무엇인가를 찾고 있다. 그중의 하나가 글쓰기이다. 글쓰기를 통해서 내가 지금까지 깨달았던 것을 함께 나누고 싶은 것이다. 이를 위해 더욱 많은 노력이 필요하다. 마찬가지로 당신이 살아온 인생은 그 누구와도 다르다. 당신이 스스로 꿈을 찾고 꿈을 따라가고 있는 한 당신은 짝퉁 인생이 아닌 명품인생으로 거듭날 것이다.

3장

부의 가치는

스스로

결정하는

것이다

01

돈에 대한 당신의 평범한 생각을 바꿔라

부자에 대해서 사람들의 인식은 썩 좋지만은 않다. 대부분 돈은 좋아하면서 부자에 관한 생각은 부정적으로 인식한다. 그래서 선뜻 부자가 되고 싶다고 말하지 못하는지도 모른다. 마치 돈을 악의 근원으로 생각하기 때문일 것이다. 어쩌면 가난한 사람들이 부자들에게 품는 증오, 복수, 질투, 분노 같은 감정이다. 즉 약자가 강자에게 느끼는 시기심이라고도 할 수 있다.

"행복이 돈보다 더 중요하다.", "건강이 돈보다 우선이다.", "가족이 돈보다 우선이다."라는 말들을 더 많이 듣는다. 돈이 많다고 행복한 것만 아니고, 가족 간에 화목하거나, 건강한 것은 아니다. 돈과 더불어 가족, 건강, 관계 등 여러 요인이 함께 어우러져야 행복하다. 돈도 다른 요인과 마찬가지로 행복한 삶을 위해서 중요한 것이다.

돈이 많으면 왠지 탈세 등 불법을 하고 자기만 아는 이기적인 사람으로 되는 것으로 생각되는가. 특별한 이유 없이 기분이 나쁘고 비합리적인 선입관을 가지고 있는 건 아닌지 묻는 것이다. 그렇지 않다면 다행이지만 설사 그렇다 하더라도 상관이 없다. 감정은 상황에 따라 충분히 바뀔 수 있다. 부자에 대한 잘못된 편견은 어떻게 만들어졌을까? 영화, 드라마, 뉴스 등을 통해 가장 많이 알게 된다. 다양한 매체를 통해서 부자들의 갑질 등 나쁜 내용을 확인하는 순간, 돈이 악의 뿌리가 되는 것으로 생각하게 된다. 가까운 이웃 중에서 부자라고 할 만 사람이 없으므로 그대로 받아들이게 되는 것이다. 아이러니하게도 그렇게 인식하게 된 상태에서도 부자가 되기를 갈망한다는 사실이다. 부자가 되기를 원한다면 '부자'와 '돈'에 대한 부정적인 선입견을 지워야 한다. 진실로 경제적인 자유를 결심했다면 부자와 돈에 대한 정의를 새롭게 해야 한다. 당신이 생각하는 부자와 돈에 대한 정의는 무엇인가. 직접 한번 써보기를 바란다. 부자와 돈에 대해서 가장 먼저 떠오르는 생각은 무엇인가. 부자 하면 사기꾼, 갑질하는 사람이라는 부정적인 생각의 굴레에서 벗어나야 한다. 만약 부자와 돈에 대해 부정적인 생각으로 가득하다면 부자가 될 수 없다.

부자라고 하면 욕이 나오고, 멸시한다면 절대로 그렇다.

　내가 생각하는 부자는 가진 것을 함께 나눌 줄 아는 사람이다. 그래서 남을 돕고, 존경받고, 열심히 살아가는 사람, 사람을 살리고, 이웃을 생각하는 사람이다. 내가 생각하는 돈이란 많을수록 유익한 것으로 살아가는 데 꼭 필요한 것이다. 나눌 수 있고, 도움을 줄 수 있고, 사람의 삶을 여유롭게 해주는 것이다. 그래서 경제적인 자유를 꿈꾸는 것이다. 부자를 꿈꾼다면 부자에 대한 긍정적인 생각을 잠재의식에 끌어들여야 한다. 한마디로 부에 대한 긍정적인 가치를 마음속 깊은 곳에 심어야 한다. '돈은 유익하고 행복을 가져온다.', '돈은 무한하므로 언제든지 벌 수 있는 것이다.'라고 반복해서 생각해야 한다. 돈이 질량보존의 법칙과 같이 내가 가지게 되면 다른 사람의 몫을 빼앗는 것으로 생각할 수 있다. 이는 잘못된 생각이다. 돈은 무한하다.

　"부자다!", "돈을 셀 수 없이 많이 가지고 있다." 이 말들은 결과를 나타내고 있다. 이러한 결과를 만들어낸 원인이 있는 것이다. 그 원인이 바로 생각이다. 따라서 부자가 되기 위해 생각을 바꾸어야 한다. 부에 대한 가치는 부자가 되기를 꿈꾸는 자들의 생각 차이로 나타나는 것이다.

　부자 아빠 정재호 씨는 주식으로 부자가 되었다. 그는 주식을 시작한 처음 20년 동안 주식으로 전 재산을 날려버렸다. 그리고 깡통에서 다시 시작하여 그의 자산이 100억대라고 한다. 그는 책과 유튜브를 통해 그의 성공비결을 전파하면서 많은 사람이 주식을 통해 동네 부자가 되기를 바란다. 그의 강의와 비결을 듣고 동네 부자가 된 사람들이 많이 생겨났다. 그의 투자의 핵심은 주식으로 성공을 하려면 먼저 주식에 관한 책을 많이 읽어야 한다는 것이다. 그것도 할 수 없으면 주식 고수들을 커닝하라고 한다. 한마디로 그들이 어떻게 하는지 따라 하라고 한다. 마찬가지로 부자들이 어떻게 부자 되었는지 잘 살피고 따라 하는 것이다. 이왕이면 졸부가 아닌 자수성가한 부자들을 찾아서 따라 하는 것이다. 그들이 어떤 생각을 가지고 어떻게 행동해왔는지 조사하고 그 생각들을 따라 하는 것이다.

"당신이야말로 당신의 운명의 지배자이며 당신의 영혼의 선장이다." 영국의 시인 헨리가 한 말이다. 당신 자신만이 당신의 생각을 조절할 수 있기 때문이다. 헨리는 우리의 마음을 다스리는 의지가 우리의 두뇌를 자극하여, 조화로운 생각과 행복한 인생을 만드는 원동력이라는 것을 말하고 싶었다. 엄청난 부자가 되려면 우선 막대한 부를 쌓고 싶다는 간절한 소망을 품어야 한다. 그래야 그 소원이 의지로 되어 생각을 조절하고 목표를 정하고 그를 이루기 위한 계획을 만들 수 있다. 당신의 운명의 주인은 그 누구도 아닌 바로 당신인 만큼 성공을 위한 마음의 준비를 충분히 해야 한다. 성공학의 개척자인 나폴레온 힐이 어느 라디오 프로그램에서 받은 질문이다. "지금까지 당신이 배운 최고의 교훈은 무엇인가요?" 그의 대답은 간단했다. 바로 '생각의 중요성'이다. 당신의 인품은 당신의 생각에 따라 달라진다. 당신의 생각이 당신을 만들기 때문이다. 당신의 성격을 안다는 것은 당신의 인품을 아는 것이다. 당신의 정신 상태가 당신의 운명을 결정하는 가장 큰 요소이다.

에머슨은 "당신이 온종일 생각하고 있는 것, 그것이 바로 당신 자체이다"라고 말했다. 누구든지 성공을 하기 위한 최대의 문제는 올바른 생각을 선택하는 데 있다고 확신한다. 이 문제만 해결한다면 당신의 문제가 해결되는 문이 열리는 것이다. 만약 당신이 기쁘고 행복한 생각을 하면 당신은 기쁘고 행복해질 것이다. 반대로 불쾌하고 불행한 생각을 하면 기분이 나쁘고 불행해질 것이다. 당신의 사업이 망하게 된다고 생각을 하면 결국 당신은 망할 수밖에 없는 것이다. 만일 당신이 무엇인가를 진정으로 원한다면 그대로 될 것이다. 강한 자만이 살아남는 것은 아니다. 제일 빠른 자만이 앞서가는 것은 아니다.

초밥 도시락으로 유럽을 평정한 켈리델리 회장인 켈리 최의 이야기다. 그녀는 지방의 몹시 가난한 농부의 딸로 태어난 흙수저 중의 흙수저이다. 그녀의 부모님은 밤낮 눈코 뜰 새 없이 바쁘게 일하고도 끼니와 자녀들 학비를 걱정해야 했다. 그래서 그녀는 소녀 노동자로 주경야독으로 힘겹게 고등학교를 마쳤다. 이에 만족하지 않고 일본과 파리로 가서 디자인으로 대학까지 마칠 수 있었다. 파리에서 지인과 함께 사업을 시작했으나 10억 원의 빚만 떠안게 되었다. 그때 그녀의 나이 30대 후반이었다. 아무런 희망을 찾지 못하고 차라리 죽는 게 더 낫다고 생각하는 날들이 많았다고 한다. 그러나 그러한 순간에도 엄마를 위해 살아야겠다고 굳게 마음을 먹었다. 과거의 실패를 인정하고 예전의 자신을 버리고 새로운 사람으로 재탄생하기로 한 것이다. 그리고 그녀와 비슷한 배경과 실패를 딛고 성공한 1,000명의 부자를 공부하기 시작했다. 그리고 부자들의 공통된 사고방식을 모두 따라 하고 완전히 숙달했다. 그 결과 새로 창업한 지 불과 5년 만에 목표한 모든 것을 이루었다. 10억 원의 빚을 떠안고 파리의 센강에 목숨을 던져버리겠다던 밑바닥 인생에서 12개국 30개가 넘는 비즈니스와 계열사를 소유한 글로벌 기업 회장으로 거듭난 것이다. 이러한 성공을 가능하게 한 것이 바로 생각이다.

그녀는 이 생각을 부의 생각, '웰씽킹'이라고 한다. 그녀는 말한다. "나는 부자들이 했던 방법 그대로 따라 하면 나도 그렇게 될 수 있다고 믿었다. 믿음에 그치지 않고 몸소 실천한 결과 5년 만에 내가 100년을 일해도 못 이룰 막대한 부를 갖게 되었다." 그녀는 부자들의 사고방식, 습관, 돈에 대한 태도, 돈을 버는 법칙 등등 그녀 인생을 통째로 흔들어놓았던 부자들의 생각 뿌리를 몸소 체득했다. 그리고 그 과정에서 배운 내용을, 부자가 되기를 간절히 꿈꾸는 사람들을 위해 『웰씽킹』을 펴내고, 유튜브를 통해 전파하고 있다.

당신은 지금 돈 때문에 말 못 할 어려움을 당하고 있는가? 밀린 월세도 못 내고 집주인에게 빌다시피 사정을 해야 하는가? 돈 때문에 하고 싶은 공부도 못하고 취직을 해야 하는가? 최저임금보다 못한 돈을 받으면서 전전긍긍하고 있는가? 돈 때문에 원치도 않는 직장에서 부당한 대우를 받으며 힘겹게 살고 있는가? 그렇다면 켈리 최가 한 것처럼 부자들을 찾아 그들의 생각을 배우고 따라 하라. 지금까지 당신의 평범한 생각을 바꾸어라. 그동안 그토록 당신을 아프게 한 돈이 당신의 노예가 되도록 하라. 그리고 돈을 보물처럼 소유하지 말고 관리하라.

하나님은 우리 삶에도 시간 관리에 있어서도 우리를 청지기로 부르셨다. 우리의 것이라기보다 관리하는 관리자의 역할을 감당해야 할 것이다. 부의 가치는 궁극적으로 생명을 살리고 사람을 살리는 곳에 기꺼이 사용돼야 한다. 결국, 부의 가치는 이처럼 꿈을 꾸는 자의 생각의 차이로 나타난다. 돈이 필요한 곳에 기꺼이 주고 필요할 때 기꺼이 받아라. 즉 받는 것에만 익숙한 것이 아니라 주는 것에 또한 익숙해져야 한다.

02

꿈을 그리는 사람은 그 꿈을 닮아간다

　우리는 매일 거울을 보며 하루를 시작한다. 하지만 아침에 본 자기의 모습을 또렷하게 기억하며 살아가는 사람은 별로 없다. 나의 경우에는 거울을 보고 머리가 헝클어지지는 않았는지, 수염은 제대로 깎였는지 등을 확인하기 위해서다. 그런데 어떤 이는, 미래의 모습이 어떻게 될지 동시에 그림을 그리듯이 그려보는 사람도 있을 것이다. 그중에서도 어떤 사람들은 밝고 환한 모습을 그릴 것이고, 어떤 사람들은 어둡고 침울한 모습을 그릴 것이다. 그런데 내가 지금 그려보는 자화상이 나의 미래의 모습과 가깝다는 것이다. 지금까지 알려진 꿈을 이룬 사람들의 모습을 생각해보면 자화상과 미래는 매우 밀접한 관련이 있다는 것을 알 수 있다. 밝고 희망찬 미래를 그린 사람은 밝고 희망찬 모습이 되었다. 반대로 어둡고 실패한 미래를 그린 사람은 어둡고 실패한 모습을 한 사람이 되었다. 밝은 모습과 어두운 모습, 모두 자신이 지금 그리고 있는 모습과 닮게 되어 있다.

인생을 살아가는 데 어떤 관점에 따라 사느냐가 매우 중요하다. 매사에 긍정적이고 의욕이 넘치는 모습으로 밝은 미래를 꿈꾸는 사람은 말과 얼굴만 보아도 그 사람이 얼마나 자신감이 넘치는지 알 수 있다. 반면 매사에 부정적이고 마지못해 살아가는 사람은 그 얼굴이 어둡고 매사에 불만이 가득하다. 어떤 일이든지 될 수 없는 이유만을 생각한다. 다니엘 호오돈의 단편소설『큰 바위 얼굴』에 나오는 주인공 어니스트는 큰 바위 얼굴을 매일 보며 자라나 마침내 큰 바위 얼굴을 닮은 사람이 된다. 마찬가지로 우리도 자신이 닮고 싶은 사람을 꿈꾸어야 한다. 즉 이상적인 인간상이 되기를 바라고 닮기 위한 절대 필요한 노력을 아끼지 않아야 한다.

예를 들면 내가 큰 바위의 얼굴을 꿈꾸고 닮기를 원한다면 내가 바로 큰 바위의 얼굴이 된 것처럼 매일 생생하게 그리고 상상해야 한다. 그리고 내가 큰 바위 얼굴과 같은 훌륭한 사람이 되도록 최대한 노력을 해야 한다. 그러면서 나는 큰 바위 얼굴처럼 될 수 있다고 확신하며 큰 바위 얼굴이 된 것처럼 행동해야 한다.

또 다른 표현으로 말하면 모든 일은 마음먹기에 따라 달라질 수 있다는 것이다. 만약 당신이 누구보다 자신이 있고 훌륭한 사람으로 생각한다면 미래의 당신은 당당하고 자신이 넘치는 훌륭한 사람이 될 것이다. 그렇지 않고 당신 자신을 볼품이 없고 무능한 사람으로 생각한다면 미래 당신의 모습은 무능하고 볼품이 없는 사람이 될 것이다. 평소에 당신의 모습은 평소 당신의 생각과 행동과 일치한다.

그러므로 내 마음속에 움츠리고 있는 부정적이고 어두운 생각을 지워버리고 긍정적이고 밝은 생각들로 가득 채워야 한다. 긍정적인 생각은 에너지 기폭제와 같은 것이다. 긍정적인 생각만으로도 자기 능력을 훨씬 더 크게 만들 수 있기 때문이다. 어두운 얼굴이 아니라 환하고 즐거운 표정을 지어라. 청결하고 품위 있는 옷차림, 환한 모습을 한 얼굴 등으로 자신의 미래의 자화상을 그릴 수 있다. 꿈을 이룬 사람들의 자화상은 보는 사람들의 기분을 좋게 만들고, 자신감과 긍정적인 에너지를 불어넣어 준다.

작가, 배우, 방송인, 여행가로 널리 알려진 로웰 토머스는 제1차 세계대전의 알랜비와 로렌스에 대한 유명한 영화로 흥행에 큰 성공을 했다. 런던의 로열 오페라 하우스에서 그의 영화를 계속 상영하기 위하여 오페라 시즌을 6주간 연기할 정도로 놀라운 성공을 거두었다. 그러나 인도와 아프가니스탄의 생활을 기록영화로 촬영하다 불운이 겹쳐 결국 파산하고 말았다. 그러나 막대한 부채와 심각한 실의에 직면했음에도 크게 염려하지 않았다. 그는 이 어려움에서 좌절을 한다면 완전히 실패자로 낙오되어버린다는 것을 잘 알고 있었다. 그래서 그는 매일 아침 집을 나서기 전 가슴에 꽃을 달고 당당한 모습으로 거리를 활보하고 다녔다. 그는 언젠가 다시 재기할 수 있다는 생각을 품고 실패자라는 생각을 거부했다. 그에게 실패는 일시적인 것에 지나지 않았다. 그는 이와 같은 좌절은 정상으로 가는 길에 반드시 거쳐야 하는 필수 코스로 생각하였다. 그러한 그였기에 오늘날 많은 사람이 그를 유명인으로 기억하고 있다.

실제로 수많은 사람이 자기 삶을 바라보는 태도의 변화에 따라 여러 가지 질병도 몰아내고, 생활을 변화시킬 수 있다. 나 역시 마찬가지다. 공부를 전혀 하지 않았던 어린 시절은 공부에 대한 걱정이나 염려가 전혀 없었다. 그러나 어느 순간부터 공부하기 시작하면서 공부를 잘해야겠다는 생각이 나를 지배했다. 그와 동시에 공부를 잘하지 못하면, 즉 좋은 성적을 받지 못하면 어쩌나 하는 걱정도 함께 하게 되었다. 결국, 신경쇠약으로 항상 우울했고 자신감은 바닥이었다. 내 마음의 하늘은 언제나 먹구름으로 가득 차 있었고, 나의 얼굴에는 웃음이 사라져버렸다. 누군가가 나를 보면 근심이 가득한 사람으로 보았다. 가끔 좋은 성적을 받지 못하면 미래가 없는 것처럼 생각하였다. 밤을 새워서 열심히 공부해도 부족한데 머리가 아파 집중할 수 없었고 잠을 잘 수밖에 없었다. 고민과 걱정의 씨앗을 품고 살았다. 결국, 기대한 만큼의 좋은 성적을 받을 수 없었고 원하는 대학에 진학할 수 없었다. 생각한 모습대로 되어가는 것을 직접 체험한 것이다. 그런데 대학에 들어와 하나님을 만나고 나서 그 원인을 알았다. 공부의 목적이 궁극적으로 좋은 직장과 출세만을 위한 것이었다. 또한 『성격 개조와 자기표현』이란 책을 보고서 내가 살아온 태도가 크게 잘못되었음을 깨달았다. 행복한 삶을 위해서는 무엇보다 생각을 항상 긍정적으로 하는 것이 참으로 중요하다는 것을 깨달은 것이었다. 거울을 보며 환하게 웃으며 "너는 무엇을 해도 잘 될 거야."라고 말하기 시작했다. 그 이후의 나의 모습도 나의 생활도 바뀌게 되었다.

다음은 제임스 앨런이 쓴 『생각나는 대로』에 쓰인 내용이다.

"사람이 타인이나 사물에 대한 자기의 생각을 바꾸게 된다는 것을 차츰 알게 될 것이다. 그가 갑자기 생각을 바꾸면, 그는 그것이 생활의 외적 조건을 갑작스럽게 변화시킨 것을 보고 놀라는 것이다. 인간은 스스로가 구하는 것을 끌어들이지 않고, 있는 그대로를 받아들인다. 인간은 자신의 사고를 높이지 않으면 약하고 비열한 상태를 벗어날 수가 없다."

하나님은 인간이 온 우주 만물을 다스릴 수 있도록 하셨다. 엄청난 선물이다. 현재의 엄청난 문명의 발달을 보면 실감할 수 있다. 나는 이와 같은 절대권력을 말하고 싶지 않다. 내가 바라는 것은 자기 자신을 다스리는 것이다.

마음의 평화나 기쁨 또한 우리들의 마음 먹기에 따라 좌우된다. 존 브라운은 노예에게 반란을 교사했다는 혐의로 사형을 선고받았다. 그리고 사형장으로 이송되었는데 함께 가던 간수는 안절부절 떨고 있었다. 반면 그는 침착했고, 주변의 경치를 바라보며, "어떻게 이렇게 아름다울 수 있을까! 지금까지 여유를 가지고 구경할 수 없었던 그것이 유감이다."라고 감탄했다고 한다. 모든 것은 마음먹기에 따라 달라질 수 있다. 누구든지 용기와 평정심을 가지고 창조적 사고를 하며 꿈을 그린다면 그대로 될 수밖에 없다.

성공학의 대가 데일 카네기, 자동차 왕 헨리 포드, 현존하는 전설적인 투자의 귀재 워런 버핏 등 이들 모두는 긍정적인 생각으로 꿈을 이룬 사람들이다. 이들 중 워런 버핏은 빌 게이츠의 재단에 재산의 85%인 370억 달러를 기부하기도 해 전 세계 모든 사람을 깜짝 놀라게 했다. 2007년에는 21억 달러 상당의 주식을 자선단체에 기부하는 등 기부문화 확산에 앞장서고 있다. 그의 명성과 영향력으로 몇몇 백만장자들은 기부에 동참하고 있다. 이들이 꿈을 이룰 수 있었던 것은 바로 긍정적이고 밝은 미래상을 꿈꾸었다는 것이다. 오늘이 어제보다 내일이 오늘보다 더 낫기를 바라는가? 그렇다면 미래에 되고 싶은 밝고 환한 미래의 얼굴을 그려야 한다. 꿈을 이룬 사람의 모습을 품은 사람이 바로 미래의 꿈을 이룰 수 있다. 비록 현실은 가난하고 보잘것없어도 미래에는 그 누구보다 크게 이룰 수 있기 때문이다. 꿈을 이룬 훌륭한 사람을 보면 어떤 생각이 떠오르는가? "우와! 정말 놀랍네." "나도 저렇게 되고 싶다." 다른 사람들이 당신을 바라볼 때 이런 사람이 되도록 꿈을 꾸자. 그래야 참된 꿈을 이룬 사람들의 자화상을 그릴 수 있다.

나는 할 수 있다고 생각하는 자만이 결국 승리하는 것이다. "인간은 자기가 스스로 생각하는 그러한 자기가 아니며 생각 그 자체가 자신이다." 노먼 빈센트 필 목사가 한 말이다.

사람이 상상하여 믿을 수 있는 일이 있다면 그것이 무엇이든 반드시 실현할 수 있다. 모든 것은 생각하는 대로 이루어지기 때문이다.

03

꿈이 없으면 인생이 힘들어진다

우리가 살다 보면 이렇게 말하는 소리를 가끔 듣는다. "나는 왜 이렇게 재수가 없는 거야.", "이제는 더 이상 소용이 없어." 혹은 "아무리 해도 안 되는 걸." 혹은 "되는 게 하나도 없네." 이들은 자신에게 닥친 실패의 고난을 극복하려고 애를 쓰다 "왜 하필이면 나여야만 하냐고?" 불만을 말하는 것이다. 결국, 원망과 불만으로 더욱 깊은 실패와 불행의 늪으로 빠져들게 된다. 살다 보면 항상 좋은 일만 생기지 않는다. 원치 않는 일이 일어나고 기대한 것 이상으로 실패를 하기도 한다. 믿었던 사람들로부터 배신을 당하고, 험담하고 서로 상처를 주고받기도 한다.

지금까지 살면서 나는 나름대로 많은 어려움과 실패를 겪었다. 하지만 그 과정에서 깨달은 것이 있다. 불행이 닥쳐왔을 때는 그것이 절대로 나쁜 것만은 아니라는 것이다. 금보다 더 귀한 나를 단련시키고 더 좋은 일이 가까이 왔다는 신호라는 것이다. 나는 대학 입시를 앞둔 고등학교 3학년이 되자 공부만 하면 머리가 아픈 증세가 나타나기 시작했다. 다른 친구들은 밤을 새워 공부하는데 나는 공부만 하면 잠이 쏟아지는 것이었다. 그때 내가 한 말이다. "나는 왜 이렇게 재수가 없게 하필이면 고등학교 3학년 때 이러냐?"라고 했다. "이제는 더 이상 소용이 없어.", "나는 이제 끝장이야." 이와 같은 불만이 내 마음을 채우고 내 입에서 저절로 나오게 된 것이다. 결국, 원하는 성적을 받을 수 없었지만, 그때의 불행이 대학에 와서 공부를 좀 더 효율적으로 하게 되는 방법을 찾게 해주었다. 비록 원하는 대학은 아니었지만, 대학원만은 원했던 학교에 꼭 합격하고 싶었기 때문이다.

실패와 불행으로 인한 시련과 좌절은 어떤 시선으로 보느냐에 따라 절망의 시작이 될 수 있고 희망의 시작이 될 수도 있다. 추운 겨울에 앙상한 가지를 보고서도 봄이 오면 파릇파릇 잎이 돋아나고 꽃이 피는 것을 상상하는 사람이 있다. 꿈을 가진 사람은 깜깜한 어두움이 짙어질수록 새벽이 더 가까이 다가온다고 생각하지만, 꿈이 없는 사람은 태양이 비추는 한낮에도 깜깜한 밤이 오면 어쩌나 하고 염려와 걱정을 미리 한다.

전자 관련 대기업을 다니던 두 젊은이의 이야기다. 계속된 불황으로 적자가 누적되자 회사는 사업 규모를 축소하면서 많은 본부직원을 영업부서에 배치하기로 하였다. 이에 따라 기술 기획을 담당했던 두 사람 모두 영업부서로 발령이 났다. 서울의 명문대학 같은 학과 동기이자 입사 동기이기도 한 두 사람은 다른 길을 선택했다. 한 사람은 회사의 일방적 조치에 크게 불만을 품고서 어떻게 하면 영업에서 벗어날 것인가에 온 마음을 쏟았다. 자연스럽게 그의 영업실적이 좋지 않았고, 얼마 되지 않아 그는 결국 퇴사하고 말았다. 그러나 아무런 준비 없이 직장을 옮겨야 했기 때문에 원하던 직장을 얻지 못하고 여러 회사를 옮겨 다녀야 했다. 다른 한 사람은 CEO를 꿈꾸고 있었다. CEO가 되기 위해서 영업도 잘해야 한다는 것을 평소에도 늘 생각하고 있었다. 그래서 영업부서로 배치되자 마케팅 공부를 적극적으로 시작했다. 회사 내 개설된 마케팅 강좌를 수강하고 마케팅 동호회에 가입하는 한편, 해외 영업에 필요한 영어 활용 능력을 키우고 해외 영업도 자원했다. 기술과 영업을 경험한 그는 마케팅 부서에서 능력을 인정받았고, 회사의 지원을 받아 외국 유명 대학의 MBA 과정을 밟고 있다. 머지않아 CEO가 되리라 확신한다.

세상을 살다 보면 누구나 한 번쯤 위기를 겪게 된다. 변화하는 세상에서 위기는 변화의 과정에서 자연스럽게 일어나는 것이기 때문이다. 다만 위기는 일반적으로 기회와 위험이 함께 존재한다는 것이 변화와 다른 점이다. 기회를 그다지 원하지 않는 사람에겐 위기는 환영할 일이 아니지만, 기회를 바라는 사람에겐 위기를 일부러라도 만들어야 할 정도로 필요한 것이다.

현대 마케팅의 대가인 필립 코틀러는 "위기야말로 최고의 호재"라고 했다. 그는 강연할 때마다 위기가 새로운 기회를 창출하는 데 매우 중요한 역할을 한다고 강조한다. 그는 또 "위기는 새로운 고객을 만들 수 있는 절호의 기회다. 심지어 경쟁사 고객을 쉽게 우리 고객으로 만들 수 있다. 위기 상황이 아니라면 단순하게 시장 점유율이 높은 기업을 넘어설 수 없다. 위기 때만이 경쟁자들로부터 쉽게 고객을 가져올 수 있고, 훌륭한 인재도 영입할 수 있다. 이로 인해 더욱 성장할 기회가 되는 것이다."라고 말하면서 위기의 중요성을 강조했다. 이처럼 위기는 꼭 필요한 것으로 피할 수 없는 것이다. 대개 사람들은 위기에 직면하면 먼저 불안해하고 심지어 떨기까지 한다. 위기가 아닌 위험한 것으로 판단하기 때문이다. 또 어떤 사람들은 기회를 찾는 데 무관심하고, 위기에 처해 있음에 대해 신세타령하는 것과 함께 운이 없음을 한탄한다. 또 일부는 '위기와 기회는 항상 바뀔 수 있으므로 기회가 찾아왔다고 너무 좋아해서도 안 되고 위기가 닥쳐왔다고 너무 실망할 필요가 없다.'라고 여유롭게 대처하기도 한다.

꿈을 가지고 있는 사람들은 운명을 탓하지 않고 기회를 만들기를 강조한다. '전화위복(轉禍爲福)', 즉 화를 복이 되도록 하는 것이다. 누구나 꿈을 꾸고 노력하면 불행도 실패도 꿈을 성취하는 과정이다. 꿈이 없다면 위기가 찾아오면 인생이 더욱 힘들어지는 것이다.

이종수 전 현대건설 사장은 40세가 되어서 비로소 차장으로 승진했다. 함께 입사한 대부분의 동기는 30대 후반에 차장으로 승진했지만, 두 차례나 승진에서 누락이 되었다. 그는 그로 인해 부끄러워 일부러 귀국을 미루고 말레이시아 파견근무를 2년이나 더 연장했다. 그러나 불만을 토로하지 않고 맡은 업무에 최선을 다하였다. 많은 사람은 회사가 열심히 일한 자신을 몰라준다고 불만을 터뜨린다. 그러나 그는 "평가는 내가 아닌 주변 사람들이 한다. 나는 승진이 되지 못했을 때 최선을 다해야겠다는 생각만 했다."라고 했다. 미래에 대한 꿈, 희망이 없이는 그와 같은 생각을 하기 힘이 든다. 실제로 그는 차장이 된 뒤 초고속승진을 거듭해 9년 만에 임원이 됐다. 꿈과 희망이 있는 사람은 원치 않는 일이 생겨도 좌절하지 않고 오히려 꿈을 더욱 크게 키우는 기회로 삼는다. 꿈과 희망이 없다면 주어진 현실 앞에 좌절과 낙심으로 부정적인 생각이 들기 쉽다. 그저 주어진 업무에 최선을 다하기보다 하루하루 시간만 때우며 보내기 쉬운 것이다. 자연스럽게 인생이 힘들어질 수밖에 없는 것이다.

꿈이 없다면 지금이라도 꿈과 희망을 노트에 적어보기를 바란다. 꿈이 있으면 꿈을 현실로 바꾸기 위한 열정이 생긴다. 꿈을 이루기 위한 열정으로 인해 불행한 인생이 행복한 삶으로 변화될 수 있기 때문이다. 자신이 온전히 몰입하게 되고 이리저리 기웃거리지 않으면 인생을 허비하지 않게 된다. 세상에서 자신의 분야에서 빛을 발하지 못한 사람들이 너무나 많다. 그 이유는 결코 능력이 부족한 것이 아니다. 진짜 부족했던 것은 확고한 꿈, 꿈에 대한 확신, 열정, 노력 등 성공을 위해 필요한 요소들이 부족했기 때문이다.

어느 날 미래에 대해 매우 불안해하는 사람이 목사님을 찾아왔다. 그는 실망한 어조로 자신이 처한 형편을 이야기했다. "목사님, 전 인생에서 실패한 사람입니다. 저는 제가 하고자 하는 일이 뜻대로 되지 않습니다. 어떤 말이라도 좋습니다. 제발 저에게 도움이 되는 말을 부탁드립니다." 목사님은 한참 동안 생각에 잠겼다. 그리고 잠시 후 이렇게 대답했다. 미국의 메이저리그 전설이 된 야구왕 타이 콥의 타율이 얼마인지 조사해 보십시오. 이 말을 듣고 타이 콥의 타율을 바로 찾아보았다. 통산 타율이 0.366으로 그를 뛰어넘는 야구 선수는 거의 없었다. 그가 은퇴 당시 가지고 있던 메이저리그 1위 기록은 무려 90개였다. 1909년 야구 역사상 유일무이 8관왕을 한 선수이다. 타율, 타점, 출루율, 득점, 장타율, 도루, 안타, 홈런 부문 등 1위를 한 것이다. "이 타율과 나와 무슨 상관이 있는 거죠?" 하고 물었다. 목사님은 미소를 띠며 대답을 했다. "그처럼 대단한 선수라도 1,000번의 타석에서 366번밖에는 안타를 치지 못했어요. 잊지 마세요. 나머지 634번은 실패를 했다는 사실을요."

　꿈을 향해 나아가는 사람과 평범하게 사는 사람, 누가 더 힘겨운 삶을 살겠는가? 물론 꿈을 가지고 살다 보면 시련과 역경에 처할 확률이 더 높을 수 있다. 그러나 꿈이 있으면 어떠한 시련과 역경에서도 좌절하지 않고 부족한 점을 채우고 잘못된 점을 고치며 나아갈 수 있다. 그러므로 시련과 역경이 좀 더 성장하는 기회가 되는 것이다. 꿈을 가지고 살기 때문에 어떤 상황에서도 절망하지 않고 행복할 수 있는 것이다. 자신이 바로 '희망'이 되는 것이다. 세상이 무너져도 꿈과 희망이 있으면 새로 시작할 수 있는 것이다. 실패보다 더 두려운 것은 꿈과 희망을 잃는 것임을 가슴에 깊이 새기자.

04

평범한 사람이 성공하는 비결은 따로 있다

시대가 변하면서 도시지역은 날로 발전한다. 그러면서 거리에는 높은 빌딩이 우후죽순처럼 늘어난다. 그에 비례해서 고가의 고층아파트도 많아졌다. 젊은 날에는 그런가 보다 하고 지나쳤는데 언젠가 '누가 저 빌딩의 주인일까? 어떻게 하면 저런 빌딩의 주인이 될까?' 하고 생각을 해보게 되었다. 대부분 대기업이나 사업을 하는 사람들이 주인이라고 생각을 했다. 그러나 반드시 그렇지만은 않다는 것을 알게 되었다. 좀 더 자세히 알아 보면 평범한 사람도 누구나 건물주가 될 수 있다는 것을 알게 될 것이다. 요즘 조물주 위에 건물주라는 말도 있지 않은가. 물론 건물주가 되기는 쉽지 않기 때문에 건물주만 되어도 비범한 사람처럼 생각이 된다. 겨우 집 한 채를 가지고 아등바등 살아가는 사람에 비해 빌딩을 가지고 경제적 자유를 누리면서 여러 가지 유익한 일을 하고 있다면 비범한 사람이라 말할 수 있다.

내가 스스로 이에 대해 질문을 하고 관련 책을 찾아보았다. 로버트 기요사키의 『부자 아빠 가난한 아빠』를 읽고 나도 언젠가 빌딩주도 될 수 있다고 생각을 했다. 그 책은 돈 관리 방법 7가지와 봉급 생활자를 비롯해 사업가, 투자가, 전문직 등의 현금흐름 사분면을 안내해 일곱 단계의 투자가와 세 가지 타입의 투자가를 소개하고 있다. 이를 통해 경제적으로 성공하는 데 필요한 개인적 변화를 할 수 있도록 도움을 주는 데 그 목적이 있다. 내가 그 책을 읽고 깨달은 것은 나 같은 평범한 직장인들이 부자가 되려면 수입을 월급에만 의존하지 말고 수입원을 다양하게 만들어야 한다는 것이다. 한마디로 말하면 돈이 돈을 벌 수 있는 수익구조를 만들어야 한다는 것이었다. 예를 들면 돈이 모이면 지출성이 큰 차나 기타 소비재 물건을 사지 말고 월세가 나오는 건물을 사든지 주식과 같은 금융자산에 투자해야 한다는 것이다. 안정적으로 수입이 나오는 건물이라면 대출해서라도 사야 한다는 것이다. 물론 주식은 대출해서 하는 것은 아니라고 한다. 내가 현재 가지고 있는 조그만 건물도 그렇게 해서 사들인 것이다. 내가 그 책을 읽은 지 벌써 20년이 지났다. 『부자 아빠 가난한 아빠』는 처음에 자비로 출간되었다. 그의 제안을 받은 모든 출판사가 출간을 거부했기 때문이다. 출판관계자들이 그의 내용을 이해하지 못했기 때문이다. 그가 쓴 부자 아버지의 돈에 대한 교훈에 동의하지 않았다. 그러나 그 책은 개인 재정 부문 역대 1위 베스트셀러가 되었고, '부자 아빠' 시리즈는 지금까지 전 세계적으로 4,000만 부 가까이 판매된 것으로 집계되고 있다. 자기가 원하는 꿈이 있다면 그에 대한 먼저 '왜?'라는 질문을 던지고 그에 대한 답을 찾아 실천하는 것이다. 예를 들면 사업을 하는 사람이라면 사업에 성공한 비결을 찾아 공부해야 하는 것이다.

어느 기업 CEO가 한 말이다. "최고의 인재들이 최고의 기술과 최고의 데이터를 가지고 최상의 제품을 개발해도 잘 팔리지 않는 경우가 허다합니다. 그러나 고객들을 감동시키겠다는 꿈에 미친 사람들이 만들어낸 제품은 조금 부족하더라도 고객들로 외면당하는 일이 없습니다. 오히려 대박을 터뜨려 기업이 크게 성장하게 됩니다." 생생하게 꿈을 꾸면 현실이 된다는 사실을 잘 알고 있으면서도 곧잘 잊어버리기 쉽다. 고객들은 제품이나 서비스를 사는 것이 아니라 제품을 만든 사람들이나 서비스를 제공하는 사람들의 마음을 사는 것이다. 이 원리를 알고 실천한 기업은 계속해서 성장하고 있다. 하지만 이 사실을 모르는 기업은 비록 한때는 잘 나갔으나 결국 성장을 멈추거나 폐업을 할 수밖에 없다. 그래서 이와 같은 사실을 잘 알고 실천하고 있는 CEO들은 이와 같은 비결을 잊지 않고 더욱 큰 노력을 한다. 많은 돈을 투자해서라도 이와 같은 비결을 배우고 익히는데 투자를 아끼지 않는다. 기업의 전 직원이 이와 같은 비결을 가지고 맡은 일을 한다면 그 회사는 획기적으로 성장할 수밖에 없기 때문이다.

부를 이룬 사람들은 그 부를 이루게 된 이와 같은 특별한 비결이 있다. 그들 중 몇 사람들은 그들만의 특별한 비결을 책이나 SNS를 통해서 공개한다. 어떤 사람은 주식투자로, 어떤 사람은 부동산으로, 어떤 사람은 사업으로 보통 사람들보다 많은 부를 이루어 경제적으로 독립을 하고 안정을 찾게 되었다고 한다. 대부분 밑바닥까지 갔다가 회생한 사람들이다. 대부분 단지 가난하다는 이유로, 다시 말하면 돈이 없어 받은 서러움을 누구보다 뼈저리게 느낀 사람들이다. 그런 사람들을 위해서 진심으로 그들이 가지고 있는 비결을 공개하고 심지어 정기적으로 교육까지 한다. 날 때부터 금수저인 사람들은 그들만의 비결을 말할 수 없다. 날 때부터 돈이 많았으니 무슨 말을 해도 쉽게 공감이 가지 않기 때문이다.

'김태연.' 그녀는 여자로 태어났다는 이유만으로 가족뿐 아니라 주위 사람들로부터 냉대를 받으며 자라났다. 22살의 나이에 미국에 와서도 인종차별, 편견 등 온갖 어려움 가운데서 살아남기 위해 수많은 눈물을 흘려야 했다. 하지만 그녀는 그 눈물을 무기로 삼고 일어나 수많은 사람의 존경과 사랑을 받고 있다. 그녀는 반도체 장비 회사인 라이트하우스 (Lighthouse Worldwide Solutions)를 비롯해 모닝 플라넷, 데이터 스토어X, 엔젤힐링 등 6개 회사를 소유한 TYK그룹의 회장이다. 또한 태권도 도장인 '정수원'을 운영하는 태권도 공인 10단의 여성 최초 '그랜드마스터'다. 라이트하우스(LWS)는 동종업계 세계 1위의 실적을 기록하고 있는 최첨단 우량기업이다. 그가 진행하는 '태연 김 SHOW'와 직접 출간한 책들은 엄청난 호응을 얻었다. '김태연' 그녀의 이름을 이야기할 때면 할 수 있다는 'Can Do' 정신이 자동으로 따라붙는다. 그녀는 다음과 같이 말한다. "저는 버스를 탈 줄 알고, 전화를 걸 줄 알고, 화장실에 갈 줄 알고, 입에 밥을 떠 넣을 줄 아는 사람이라면 자신의 인생을 운전할 수 있는 사람이라고 봅니다. 왜 할 수 없다고 생각하는 거죠? 꿈을 가지고 마음속에 그리면서 할 수 있다고 생각하면 반드시 성공할 수 있습니다."

자신의 성공비결을 담은 책 『잠재 에너지를 끌어내는 7단계 비결(Seven Steps to Inner Power : How to Break Through to Awesome)』은 전 세계 45개국에서 번역되어 100만 부 이상 팔렸다. 한국에서 발간된 『사람들은 나를 성공이라는 말로 부른다』도 김태연 신드롬을 불러일으키며 국내 독자들의 사랑을 받았다.

불사조(Phoenix), 원더우먼(Wonder Woman), 실리콘밸리의 작은 거인(the Little Giant of Silicon Valley), 한국의 딸(Daughter of Korea) 등 그녀의 이름 앞에 붙는 별칭들은 수없이 많다. 김태연 회장은 아메리

칸드림(American dream)의 여성 CEO 롤 모델이다.

많은 사람이 부자가 되길 바라지만 부자가 될 수 없는 이유는 바로 그 비결을 모르기 때문이다. 높은 산에 오르겠다고 한 사람이 밤낮으로 바다에 가서 노를 저으면 산에 오를 수 있겠는가. 오기와 객기로 배를 몰고 산으로 갈 수 있겠는가. 단순히 열심히 노력만 해서 부자가 될 수 있다면 이 세상 누구보다도 부자가 될 사람들이 우리 주위에 널려 있다. 부자가 되려면 부자가 되는 법을 공부해야 하고, 건강해지고 싶으면 건강에 대한 비결을 공부해야 한다. 평범한 사람들이 비범한 사람이 되려면 그 목적에 맞게 공부를 해야 한다는 뜻이다.

내가 서울에서 직장생활을 할 때의 이야기다. 그 당시 회사에서 전세로 방을 얻어주었다. 아내가 대전에서 직장을 다니는 관계로 회사에서 배려해준 것이다. 전세를 2년 살고 나니 전세를 꽤 많이 올려달라고 하였다. 그래서 그 전세자금과 현금을 더 보태서 모두 현금을 주고 주거형 오피스텔을 구매했다. 그런데 지나고 보니 오피스텔 가격은 전혀 오르지 않는 것이 아닌가! 그때 당시 그 정도의 현금과 담보 대출을 받아서 아파트를 구매했더라면 자산가치가 10배 이상 차이가 났을 것이다. 그래서 그때부터 부동산 공부를 했다. 서점에 가서 부동산 관련 책을 수십 권을 구매해서 읽었다. 처음부터 끝까지 모두 읽은 것은 아니지만 그렇게 많은 책을 사서 읽어보고 나니 적어도 부동산을 구매하려면 어떻게 해야 하는지 알 수 있었다. 물론 부동산 전문가 수준에는 못 미치겠지만 적어도 나름대로 뚜렷한 기준을 가지게 된 것이다. 예를 들면 아파트를 구매한다고 하면 우선 대단위 아파트인지, 교통이 좋은지, 학군이 좋은지, 앞으로 주변에 개발계획이 있는지 등을 종합적으로 따진다. 그리고 시세는 어떻게 형성되어 있는지, 사려고 하는 아파트 가격이 주변 시세와 비교했을 때 어떤지 등을 꼼꼼하게 따져볼 것이다. 마찬가지로 다른 부동산을 구매할 때도 마찬가지이다. 여러 가지로 사전 공부를 충분히 한 다음에 구매해도 절대로 늦지 않다. 그렇지 못하면 부동산을 통해서 자산을 많이 이룬 사람들의 충고나 그들을 따라 하면 된다.

베스트셀러 작가 이지성, 그 역시 평범한 사람들이 어떻게 꿈을 이루었는지 매우 궁금해했다. 아버지가 사업을 하다 망했기 때문에 초등학교 교사가 된 그는 모든 월급을 압류당하고 다락방에서 생활해야 했다. 그러나 그와 같은 어려움 속에서도 희망을 잃지 않았다. 그러면서 꿈을 이룬 사람들은 누가 있는지, 어떻게 이루었는지 조사를 하고 관련 책을 수없이 읽었다. 읽기만 한 것이 아니라 그 자신이 그대로 적용을 하였다. 그는 원래 작가의 소질이 있었던 것은 아니라고 하였다. 그럼에도 불구하고 베스트셀러 작가가 되는 것을 생생하게 꿈을 꾸었다. 그리고 반드시 베스트셀러 작가가 될 것을 주위 사람들에게 선언했다. 그 당시 주위의 사람들은 그의 말을 전혀 믿지 않았다. 왜냐하면, 그가 문학에 등단한 작가도 아니 그저 평범한 교사였기 때문이다. 그리고 그가 쓴 원고를 출판사에 투고했으나 수없이 거절당했다. 그럴수록 더욱 생생하게 베스트셀러 작가가 되는 꿈을 생생하게 꾸고 그것이 마치 이루어진 것처럼 행동하기를 목숨을 다해 실천하였다. 마침내 베스트셀러 작가가 되었다. 그가 쓴 책『꿈꾸는 다락방』을 통해 꿈을 이룬 사람들이 어떻게 그 꿈을 이루었는지 생생하게 전하고 있다. 다시 말하면 평범한 사람이 비범하게 되는 비결이 무엇인지 알려주고 있다.

만약 평범한 당신도 비범한 사람이 되고 싶으면 그가 쓴 책『꿈꾸는 다락방』을 꼭 읽어보기를 바란다. 평범한 사람들이 비범한 사람이 되는 특별한 비결이 있는 것이다. 그들에게는 공통점이 있다. 무엇보다 원하는 분야의 최고를 목표로 한다. 한마디로 말도 안 되는 목표를 정하고 그 꿈이 마치 이루어진 그것처럼 행동한다. 물론 그 꿈을 위해 할 수 있는 모든 노력을 지혜롭게 하는 것은 물론이다.

05

꿈의 크기만큼 성공하는 것이다

평범한 사람들은 성공을 위해서는 몸을 아끼지 않고 최선의 노력을 하는 것을 가장 중요한 요소로 여긴다. 하지만 성공한 사람들은 이미 성공한 자기 모습을 생생하게 그리고 마치 이루어진 것처럼 행동하는 능력을 가장 중요한 요소로 생각한다. 두 사람 중 누가 옳을까? 당연히 성공한 사람들의 의견이 옳다.

호텔 왕으로 불리는 콘라드 힐튼이 한 말이다.

"사람의 미래는 개인이 지닌 능력에 의해서가 아니라, 그가 마음속으로 생생하게 그리는 꿈에 의해 결정된다."

그는 부모로부터 호텔을 물려받아 호텔 왕이 된 것은 아니었다. 그는 집안 형편이 넉넉하지 못해 호텔 보이로 시작했다. 호텔에서 손님들의 가방과 짐을 들어주고 청소와 심부름으로 생계를 유지해야 했다. 그러나 그에게는 다른 호텔 벨보이나 직원들과 다른 특별한 한가지가 있었다. 그것은 바로 상상하는 것이었다. 당시 그는 가장 큰 호텔 사진을 언제든지 볼 수 있는 곳에 붙여두고 그 호텔의 주인이 되는 모습을 상상하였다. 그로부터 15년 뒤인 그는 마침내 큰 호텔의 주인이 되었다. 실제로 자신의 성공비결에 대해 그는 이렇게 말했다. "내가 호텔 벨보이를 할 때 내 주변에는 나와 똑같은 처지의 벨보이들이 많았습니다. 그리고 나보다 능력이 뛰어난 호텔 경영자도 많았습니다. 물론 나보다 더 열심히 일하는 사람들도 많았습니다. 하지만 호텔 주인이 되겠다고 생생하게 꿈을 꾼 사람은 나밖에 없었습니다. 대부분 사람은 자신의 재능과 노력이 성공을 가져다준다고 생각합니다. 그러나 그렇지만 않습니다. 성공하는 비결은 생생하게 꿈을 꾸는 능력에 있습니다. 이처럼 성공하기 위해서 '꿈을 꾸는 능력'이 너무나 필요합니다."

"사람의 현재의 모습은 어제까지 그 자신이 생각한 결과이다."라고 누군가 말했다. 그렇다. 사람은 얼마든지 자기 자신이 하는 생각에 따라 변화될 수 있다. 긍정적으로 생각을 하고 상상을 하면 긍정적인 모습이 되고 부정적으로 생각하고 상상하면 부정적인 모습이 되고 만다. 자신을 스스로 비하하는 사람은 삶의 목표를 낮추고 자신이 가지고 있는 재능이나 능력에 대해 열등감 속에 빠지게 된다. 충분히 할 수 있는 것도 하지 못하는 무능력자가 되고 마는 것이다. 그러나 스스로 자부심을 가지는 사람은 원대한 목표를 가지고 자신감을 가지고 원하는 삶을 살게 된다. 그러므로 자신의 꿈에 대해 늘 생각하고, 성공한 자기 모습을 생생하게 그려야 한다.

평범한 가정에서 태어나 평범한 교육을 받고 아무런 특별한 생각을 하지 않는 우리는 현재의 삶에 만족하며 안주하는 삶을 살고 있다. 평범한 삶을 거부하지 않고 만족하는 한 앞으로도 그저 평범한 누군가의 아들, 딸, 아버지, 어머니로 또는 평범한 사회 구성원으로 살아갈 것이다. 꿈을 꾸고 그 꿈을 이루는 것은 시간 낭비라 생각하고 시도조차 하지 않는다. 오히려 꿈을 가지고 도전하는 사람들을 비웃고 자기들의 삶의 방식이 옳다고 주장하기도 한다. 어쩌면 당신의 이야기인지도 모른다. 그러나 우리가 이렇게 편리한 삶을 살아갈 수 있게 된 데는 말도 안 되는 꿈을 꾸고 그 꿈을 이룬 누군가가 있었기 때문이라는 것을 잊어서는 안 된다. 평범한 당신도 그 주인공이 될 수 있다는 것을 말해주고 싶다.

일반적으로 사람을 크게 두 가지 유형으로 구분해본다면 꿈이 있는 사람과 꿈이 없는 사람으로 구분할 수 있다. 꿈이 없는 사람들의 특징이다. 첫째 현재의 삶에 만족하며 새로운 도전에 관심이 별로 없다. 둘째 새로운 일과 변화를 두려워한다. 셋째 누군가 새로운 변화를 시도하려고 하면 그 변화를 방해하는 데 앞장선다. 꿈이 있는 사람들은 첫째 매사에 긍정적이고 열정적이다. 둘째 이루고자 하는 뚜렷한 목표와 희망이 있다. 셋째 항상 도전하고 성장하기 위한 노력과 변화를 시도한다. 꿈이 없는 사람들은 굳이 애써서 찾을 필요 없다. 우리가 만나고 함께 하는 대부분의 사람일지도 모른다. 그들 대부분은 현재의 삶에 만족하며 안주하며 사는 것이다. 그들에게는 미래에 대한 뚜렷한 목표와 비전이 없다. 그저 지금의 자리에서 오랫동안 버텨낼 수 있기만을 바란다. 직장인이라면 고작 승진이나, 연봉 인상을 위해 목숨을 걸고 일을 하기도 한다. 자신의 존재를 까맣게 잊고서 직장과 직장 상사에게 마음에도 없는 충성과 아부를 한다. 현재 자기의 자리만은 지키려고 하기에 외부요인으로 인한 변화는 두려워하는 모습을 보인다. 물론 이들에게도 나름의 꿈과 희망이 있을 것이다. 현실에 너무나 집중하다 보니 미래를 위한 투자나 관심을 전혀 가지지 못하게 된다. 메일 주어진 일에만 매달리고 자신의 꿈은 내려놓고 생각조차 하지 않는다. 당연히 세상과 자신에 대한 불만과 불평이 가득 쌓이게 되는 것이다.

나 역시 나 자신을 그저 평범한 사람으로 생각해왔다. 지금까지 나는 성공한 나 자신의 모습에 대해 생생하게 꿈을 꾸지 않았다. 그리고 간절히 바라는 꿈도 없었다. '가늘고 길게'라는 마음으로 매일, 매달, 매년 무사하기를 바랄 뿐이었다. 그래서 지금까지 무사히 지내온 것을 늘 감사하며 살아왔다. 지금까지 내가 살아온 평범한 삶도 결코 쉬운 것만은 아니다. 평범한 삶을 목표로 노력한 결과이다. 하지만 마음 한구석에는 나도 지금의 나와는 다른 삶을 살 수 있다는 생각을 늘 해왔다. 이제부터라도 구체적으로 내 미래에 대해 꿈을 꾸고 상상을 하려고 한다. 지금까지의 삶과는 다른 꿈을 꾸고 희망이 넘치는 삶이 되기를 바란다. 철학자 김형석 교수님은 정년퇴임을 하고 나서 65세~75세가 가장 인생의 황금기라고 했다. 꿈을 꾸면 그만큼의 삶이 기다려지고 그렇게 되려고 노력을 하게 되고 하루하루가 행복한 것이다.

성공한 사람들의 비결에 대해 발견한 공통점이 있다면 대부분 긍정적이라는 것이다. 그리고 꿈을 구체적으로 적고, 상상하고 마치 이루어진 것처럼 행동하는 것이다. 그리고 진정한 성공은 자신이 하는 일에 만족하며 무엇보다 이웃과 사회를 위해 유익을 줄 수 있어야 한다는 것이다.

새처럼 하늘을 자유롭게 날고 싶다는 바람은 인간의 오래된 꿈이다. 그렇게 꿈을 꾼 사람들 덕분에 우리는 아주 먼 거리도 비행기로 짧은 시간에 오갈 수 있게 되었다. 하늘을 날고 싶다는 바람과 꿈의 실현으로 비행기와 제트기가 만들어진 것이다.

오늘날 수많은 첨단제품 역시 사람들이 상상을 실현한 사례들이다. 그 중에서 많은 것들은 닮고 싶은 동물의 모습과 기능을 확인하고 그와 똑같이 적용한 결과물이다. 1504년, 조아오모르토는 새의 날개 모양을 한

구조물을 제작해서 근처 가장 높은 건물인 성당의 지붕에서 뛰어 내리다 사망했다. 새가 날 수 있는 원리를 적용하지 않고 날개의 모양만 모방했기 때문이다. 다빈치는 새가 비행하는 모양은 물론 새의 구조와 생리학에 대해 세밀한 관찰과 연구를 하였다. 그는 새가 날개 윗부분과 아랫부분의 압력 차이로 하늘을 날 수 있다는 것을 밝혀냈다. 이것이 바로 양력으로 동력을 사용한 비행기를 제작하는 데 기본 원리가 되었다. 이 원리를 이용해 18세기 초 영국의 과학자 케일리는 고정된 날개를 일정한 속도로 달리게 하면 양력이 생겨 비행기를 이륙시킬 수 있다는 원리를 확립했다. 그 후 자전거 수리점을 하고 있던 라이트 형제는 바퀴에 쏟았던 관심을 날개로 돌려 비행에 관심을 집중하였다. 먼저 비행이 실패한 원인을 찾기 위해 비행 연구에 관한 논문과 책을 통해 완벽에 가깝게 공부하였다. 그 결과 비행에 성공하는 데 필요한 날개, 엔진과 더불어, 균형과 제어 방법이 중요하다는 것을 깨달았다. 실패에 실패를 거듭한 끝에 세계 최초로 유인동력 비행에 성공했다. 새를 모방하여 하늘을 나는 꿈을 실현한 주인공이 된 것이다. 새처럼 하늘을 날고 싶은 꿈을 실현하는 데 필요한 요소는 무엇일까? 비행을 위해 필요한 최소한의 기술인 날개, 엔진, 상승-하강 조절기 등 라이트 형제는 모든 문제를 가장 많이 고민했다. 라이트 형제는 하늘을 날고 싶은 꿈을 누구보다 절실하게 꾸었을 것이다. 하늘을 날고자 하는 꿈의 크기만큼 이루어진 것이다. 그가 이룬 꿈 덕분에 오늘날 우리는 먼 거리를 짧은 시간에 오갈 수 있게 된 것이다.

   우리가 꿈을 이루는 데 필요한 것은 마음의 경계이다. 마음의 경계를 넓히지 않으면 한이 없이 넓은 지평선을 보고서도 내가 사는 동네 수준으로 좁아지게 된다. 다이아몬드를 캐면서 눈앞에 떨어진 동전 몇 푼에 연연하는 것과 같다. 젊은이들이 티 없이 넓은 하늘을 바라보며 마음의 경계, 꿈의 경계를 무한히 넓혀갔으면 한다. 오염되지 않은 시골로 가서 밤하늘에 반짝이며 쏟아지는 별들을 보며 언제나 꺼지지 않고 반짝이는 꿈들을 가슴에 담았으면 좋겠다. 그렇게 넓어진 가슴이라야 꿈의 경계도 넓어지고, 더욱 새로운 미래를 그려갈 수 있다.

06

꿈도 계속 변화하고 성장해야 한다

'여행'은 말만 들어도 가슴 설레게 한다. 내가 잘 알지 못하는 곳에서 무엇이 나를 기다리고 반겨줄지 기대감이 앞선다. 낯선 곳에서 새로운 무엇을 만나고 배우고 또 추억을 만들 수 있음에 가슴이 부풀어오르는 것이다. 여행지에서 낯선 사람, 건물, 자연, 역사를 만나게 된다. 어느 곳에 가든지 자연의 아름다움과 더불어 삶에 대한 즐거움과 아픔이 있고 슬픔도 마주하게 된다. 지역마다 삶에 대한 애환을 모두 다르게 표현한다. 노래나 그림, 글로써 방문하는 사람들의 마음에 새로운 영감을 불어넣기도 한다. 사람이 살아 숨 쉬는 곳이라면 어느 곳이나 희로애락이 있고 본질에서 모두 같다는 것을 깨닫는다. 또한, 자연이 주는 아름다움과 신비한 모습은 사람이 만든 어떤 것과도 비교할 수 없음을 깨닫는다. 밤 하늘 반짝이는 수많은 별, 붉게 타들어가는 저녁노을, 보석처럼 빛나는 호수, 광대한 초원, 하얗게 포말로 부서지는 해안가. 어느 것 하나 예술이 아닌 것이 없다. 내 안에 쌓인 스트레스가 눈 녹듯 사라진다. 자연을 바라보는 것만으로도 치유가 된다. 여행하면 세상이 자연스레 지금까지 내가 바라본 것과는 정말 다르게 느껴진다. 보는 관점이 달라지면 나 자신의 문제도 새로운 각도로 바라보게 된다. 정말로 많이 걱정했던 문제는 더 이상 나를 괴롭히지 않는다.

꿈을 꾸는 사람은 여행을 많이 해야 한다. 여행을 통해서 꿈을 이루기 위해 고민했던 문제가 사라지기도 한다. 때로는 내가 꿈꾸고 있는 것을 누군가가 이미 이루었다는 것을 알 수도 있는 것이다. 자연스럽게 꿈도 변화되고 그 크기도 달라진다. 또한, 여행을 통해 부족했던 영감도 새롭게 얻을 수 있다. 스타벅스 회장 하워드 슐츠는 여행하다 영감을 받아 에스프레소 바를 커피 문화에 접목하여 그의 꿈을 이룬 것이다. 꿈을 가지고 그 꿈에 다가서려고 애쓰는 사람이라면 여행을 통해 영감을 얻고 시야를 넓혀야 한다.

"당신의 꿈은 무엇입니까?"라고 물어보면 대개 이런 말을 많이 한다.

"10년 안에 사업체를 10개로 늘리는 것입니다." "5년 안에 10억을 모으는 겁니다." "임용고시에 합격하여 선생님이 되는 겁니다." 그러나 이런 것들은 궁극적인 꿈이 아니다. 궁극적인 꿈을 이루기 위한 장, 단기에 불과한 꿈일 뿐이다. 이와 같은 것들을 궁극적인 꿈으로 착각하게 되면 우리는 올바른 길을 가지 못하고 헤매게 된다. 사업체를 10개를 만들고 나면, 결혼하고 나면, 선생님이 되고 나면 그다음에는 무엇을 할 것인가? 막막해지고 어디로 향해야 할지 모른다. 더구나 이와 같은 꿈을 이루고 나면 텅 빈 마음이 되어 허무하게 느껴지기도 한다. 내가 왜 애써서 사업체를 10개씩이나 가지려고 했는지, 내가 왜 선생님이 되려고 했는지 심각하게 생각해본 적이 없기 때문이다.

또 어떤 이들은 친구들과 함께 세계 여행하기, 신춘문예에 도전하기, 도전 꿈의 무대에 나가기를 말한다. 그러나 이 역시 궁극적인 꿈이 아니다. 다만 하고 싶은 꿈의 목록, 다시 말하면 버킷리스트이다. 해도 좋지만, 반드시 해야 하는 일은 아니다. 이들을 궁극적인 꿈으로 착각하고 이를 위해 살다 보면 방향을 잃고 원하는 길로 가기 어렵다.

"꿈을 찾고 꿈을 꾸어라."

이 말을 들으면 무엇이 생각나는가. 흔히 꿈이라는 말을 들으면 먼 곳을 바라보며 원대한 비전을 찾는 것을 떠오르게 된다. 그러나 꿈은 허황한 비전을 말하는 것이 아니다. 꿈을 이야기할 때 꼭 명심해야 할 것이 있는데, 바로 지금 있는 자리에서 찾아야 한다는 것이다. 꿈을 키우고 내 일을 그리기 위해 지금 하고 있는 모든 일을 그만두어야만 하는 것일까? 아니다. 자기에게 주어진 일을 잘 감당하고, 아주 작은 실수도 하지 않게 일하고, 다른 사람이 만들어낸 실수도 고치고, 남보다 부지런히 최선을 다해 꿈을 찾는 것이다. 그렇게 하다 보면 어느 순간 자기 마음속에 새로운 꿈이 꿈틀거리며 자라나게 된다.

"행복하다는 사람들을 자세히 살펴보면 공통으로 지닌 것이 있다. 그중 가장 중요한 것은 그들이 하는 일이다. 일은 그 자체로도 즐거울 뿐 아니라 그것이 쌓여 점차 우리 존재를 완성하는 기쁨이 된다." 버트런드 러셀이 한 말이다. 더 좋은 일, 더 큰 일을 하려면 일이 즐거워야 한다. 일이 즐거우면 자연스레 잘하게 되기 때문이다. 일을 하는 태도에 따라 그 사람의 삶과 미래가 달라진다. 주의해야 할 점은 주변에서 시기하지 않도록 해야 하는 것이다. 먼저 내가 '대표가 되겠다. 회장이 되겠다.'라고 하면 바로 주변에서 시기하고 경계를 한다. 자신은 아무런 사심이 없이 꿈을 위해 최선을 다해 일하지만, 주변에서는 그렇게 좋게 생각하지 않고 욕심이 있기 때문이라고 수군거린다. 어느 조직에 있든지 호연지기를 가지고 있다면 멀리만 바라보지 말고 가까이 있는 앞뒤, 좌우 주변도 살펴야 한다. 조직 생활에서는 리더십이 없이는 절대로 큰 꿈을 이룰 수 없다. 꿈을 찾는 것은 위를 쳐다보는 것이 아니고, 아래를 내려다보는 것이다. 물론 위를 쳐다보지 말라는 것은 아니다. 위를 바라보되, 현재의 가장 작은 자기 모습을 바라보고 조그마한 것이라도 놓치지 말라는 뜻이다. 현재의 모습에서 가장 보잘것없는 것, 아무도 쳐다보지 않는 것, 늘 반복되는 일상 가운데 가장 중요한 것이 숨어 있기 때문이다. 꿈꾸는 일을 포함해서 어떤 일이든 무한한 반복을 통해 경지에 올라야 최고가 되고 그 하는 모든 일이 예술이 된다.

꿈은 일곱 색깔 무지갯빛이 아니다. 비바람 견디며 자라나는 나무와 같다. 아픔과 고난을 통해 더 성숙해지고 강해진다. 꿈이 자라기 위해서는 이와 같이 참고 견뎌야 하는 시간이 필요하다. 때로 모진 폭풍우도 견뎌야 하듯 위기와 피눈물 나는 노력과 고통을 견뎌야 꿈이 자란다.

꿈은 성공뿐만이 아니라 성장의 또 다른 말이다. 사람들은 그렇게 자신이 일하는 일터에서 꿈을 키워간다. 다시 말하면 자신의 일터가 꿈터가 되어야 한다. 그러나 많은 사람은 일터와 꿈터를 별개라고 생각한다. 일상적으로 가장 많은 시간을 보내는 곳인 직장은 꿈터가 아니라고 하는 것이다. 꿈터는 하루 종일 부대껴야 하는 힘겨운 곳이 아니라 아무런 걱정이 없는 즐겁고 희망으로 가득한 곳으로 상상한다. 그래서 젊은 사람들은 일터와 꿈터의 차이에 견디지 못하고 실망한다. 그러나 꿈꾸는 자라고 한다면 지금 자신이 일하고 있는 곳을 꿈터로 삼아야 한다. 지금 당장 일하는 곳에서 꿈과 희망을 찾지 못한다고 하더라도 그래야 한다. 꿈은 사람마다 크기나 모양이 다르지만, 속성은 거의 동일하다. 무엇보다 열정, 끈기, 인내, 새로운 아이디어 등이 꿈에 필수적인 요소이다. 그런데 이 모든 것들은 꿈의 주변에서 서성거린다고 해서 절로 얻어지는 것은 아니다. 직접 몸으로 부딪혀 느낄 수 있어야 자기 것으로 만들 수 있다. 이 세상 그 무엇보다 몸으로 배우고 느끼며 알아가는 것만큼 분명한 것은 없다. 중요한 기술은 내가 하고 싶은 일을 할 때보다는 반드시 해야만 하는 일을 마감 시간에 쫓겨서 죽기 살기로 매달릴 때 놀라울 정도로 성장한다. 마치 시험 날짜가 임박해서 시험공부에 집중해서 매달릴 때 실력이 향상되는 경우와 같은 이치다. 아니 그것보다 더 확실하고 분명하다. 치열한 삶의 현장에서 최고의 실력이 쌓이는 법이다. 일터야말로 나 자신을 올바르게 찾고 나다움을 볼 수 있는 곳이다. 직장생활을 하다 보면 내가 지금껏 즐거워하고 잘한다고 여겼던 일이 다르게 보이는 경우가 많다. 예를 들면 내가 외향적인 줄 알았는데 기획 쪽이 더 맞을 수 있고, 영업을 잘한다고 생각했는데 제품개발에 더 재능을 보일 수도 있다. 내가 지금까지 갖고 있던 꿈이 과연 실현 가능성이 있는지 검증할 수 있는 곳이 바로 일터이다. 상상 속에서만 갖고 있었던 꿈이 막상 현실에 부딪혀보니 전혀 나와 무관한 것으로 나타나는 예도 있기 때문이다. 이런 모든 깨달음과 검증의 과정을 통과해야 진정한 꿈을 꾸는 자로 거듭날 수 있는 것이다. 일터는 생각보다 훌륭한 훈련장이다. 꿈을 이루기 위한 주요 인프라를 모두 갖추고 있다. 내가 성장하기에 필요한 일도 주고, 인맥도 쌓을 수 있고, 매달 월급까지 꼬박꼬박 준다. 이 모든 것이 내 꿈을 키우고 자랄 수 있는 원동력이 되어준다.

꿈이 자라고 성장하려면 지금까지 '내가 무엇을 해왔는가?', '무엇을 할 수 있는가?', '무엇을 하고 싶은가?'라는 세 가지 질문에 답할 수 있어야 해야 한다. 지금까지는 무엇을 해왔는가에 집중해왔다면 그동안 배운 것과 해온 것을 바탕으로 무엇을 더 할 수 있는가에 대한 답을 준비해야 한다. 지금까지 무엇을 해왔는지를 설명하는 것보다 현재와 미래의 관점에서 내 가치를 설명할 수 있어야 한다. 일터를 꿈터로 삼아 가슴이 뛸 때까지 노력해야 한다. 그래야 꿈도 계속 변화되고 성장한다.

07

지금 힘들다는 것은 꿈이 필요하다는 것

인생의 갈림길에서도 당신은 꿈꾸기를 멈추지 않아야 한다. 꿈을 꿀 때 자신을 확실히 알 수 있고, 꿈을 꿀 때 더 강력한 희망을 붙잡을 수 있고, 꿈을 꿀 때 밝은 내일을 바라봄으로 현실로 만들 수 있기 때문이다. 꿈을 성취하기 위해서는 포기하지 않고 참아내는 것이 중요하다. 꿈을 향해 달려가는 사람은 마라톤 선수처럼 참고 인내해야 한다. 마라톤 선수는 결승점에 도달하기 전 극도로 지칠 수밖에 없다. 그러나 끝까지 포기하지 않고 참는 자만이 결승점에 골인하게 되는 것이다.

꿈을 꾸는 자는 결코 절망의 노예가 되지 않는다. 꿈을 꿀 때 당신은 자신이 처한 모습을 더 확실하게 볼 수 있고, 그래서 더 명확한 목표의식과 밝은 미래를 꿈꾸는 사람으로 결국 원하는 사람이 되고 만다. 미국의 여류시인 헬렌 슈타이너 라이스(1900~1981)가 절망 속에서도 희망을 노래한 까닭은 바로 꿈을 가졌기 때문이다. 비록 현실은 그녀에게 고통을 안겨주었지만, 그녀는 끝까지 견디며 내일을 기대했고, 그 믿음은 그녀를 지켜주었다.

배움의 길에 있는 젊은이들, 특별히 어려운 현실과 싸우며 가야만 하는 이 시대의 젊은이들에게 필요한 것은 바로 밝은 내일을 바라보는 정신이다. 지금으로부터 215여 년 전인 1807년 독일의 대학교수 피히테가 대학에서 '독일 국민에게 고함'이란 유명한 강연을 했다. 그날의 강연은 코로나로 인해 어려움을 겪고 있는 오늘날 모든 사람에게도 꼭 필요한 내용이다. 지금 우리나라가 실업 문제, 집값 상승, 경제 위기 등 여러 가지 어려움에 직면해 있지만, 그 당시 독일은 나폴레옹의 침략으로 거의 폐허가 된 상황이었다. 나라 전체가 잿더미로 변해 국민 모두의 삶이 극한으로 몰린 절체절명의 위기 상황이었다. 그런 절망 속에서 피히테 교수는 이렇게 외쳤다. "절망의 시대에 공장 몇 개 짓고 경제를 다시 살리는 것보다 더 중요한 것이 꿈이고 정신입니다." 피히테 교수가 말하고자 하는 핵심 내용이었다. 꿈도 그냥 꿈이 아니라 '장미빛 꿈', 정신도 일반적인 정신이 아니라 '고결한 정신'을 가져야 한다고 주장하였다. 그 내용의 가장 중요한 핵심은 독일 청년들이 '밝은 내일을 꿈꾸게 하는 것'이었다. 결국, 그 정신으로 독일은 폐허에서 벗어나 오늘날의 선진국이 된 것이다.

'독일 국민에게 고함'은 독일 국민에게 정신적 유산이 되었고, 서사시로 남았다. 또한, 독일뿐 아니라 전 세계 어느 나라든 어려운 국면에 직면할 때마다 '독일 국민에게 고함'을 중요한 모델로 삼았다. 지금 우리나라도 인구절벽 문제, 실업 문제, 정치 경제 문제 등의 태산처럼 큰 문제들로 사회 전반이 위협받고 있다. 특히 꿈을 잃어버리고 방황하고 있는 청춘들이 많이 있다. 피히테의 메시지가 더욱 절실하다.

헨리 포드가 12세 되던 해 그의 어머니가 병환으로 위독해지자 말을 타고 수십 리 길을 달려 의사에게 갔다. 천신만고 끝에 의사 선생님을 모셔 왔지만, 의사가 도착하기 바로 직전에 어머니는 세상을 떠나고 말았다. 그는 '조금만 빨리 의사를 모셔 왔어도 어머니를 살릴 수 있었을 텐데'라고 수없이 되뇌면서 죄인처럼 안타까워했다. 그의 가슴은 찢어질 듯이 아팠다. '말보다 더 빨리 달리는 것을 타고 갔더라면 어머니를 살릴 수 있지 않았을까.'라는 생각을 수없이 하게 되었다. 그런 고통스러운 와중에 '말보다 더 빨리 달리는 것'을 만들고 싶다는 꿈이 생겨났다. 주변 사람들은 너무나 터무니없는 꿈이라고 모두 비웃었다. 말도 안 되는 일이라고 모두 혀를 찼다. 헨리 포드가 '말보다 더 빨리 달리는 것'을 개발하기 위해 은행에 융자를 청했을 때도 '불가능한 일'이라고 매몰차게 거절 당했다. 하지만 그는 좌절하지 않고, 마침내 1908년 말보다 훨씬 더 빠른 자동차를 대량으로 생산하였다. 이처럼 꿈은 아무런 문제가 없는 행복한 순간에 태어나는 달콤한 환상이 아니다. 오히려 인생의 폭풍우 환난을 극복한 사람들이 발견하는 희망의 등불이다.

눈물 젖은 빵을 먹어본 사람만이 굶주림에 시달리는 사람의 사정을 이해하듯이, 뼈아픈 고통으로 절망을 겪어본 사람만이 타인의 뼈아픈 절망도 알 수 있다. 그리고 그 가운데서 새로운 꿈과 희망을 발견하게 된다. 나 역시 어린 시절 아버님께서 일찍 세상을 떠나시고 홀로 남은 어머님께서 5형제들을 돌보아야 했기에 배고픈 어린 시절을 보냈다. 그런 시절이 없었다면 오늘의 나는 없을 것이다. 어려운 상황에 부닥친 사람들을 보면 쉽게 눈물을 흘리지도 못할 것이다. 내가 이 글을 쓰는 이유이기도 하다.

몸이 아프면 만사가 귀찮아지고 힘들어질 뿐 아니라 모든 것이 어둡게만 보인다. 건강하다는 것만으로도 얼마나 행복한지를 깨닫는다. 그리고 건강관리가 얼마나 중요한지를 실감한다. 그리고 건강관리에 더욱 주의를 기울인다. 나의 경우 대학을 졸업하고 한국화학연구원에 근무할 때의 일이다. 연구로 인한 스트레스 때문인지 입안이 자주 헐고, 쉽게 피곤해지는 것이다. 연구와 공부를 자신 있게 계속하려면 무엇보다 체력이 강해져야 했기에 건강에 관심을 가지기 시작했다. 그때 영어참고서 『메들리 삼위일체』를 지은 안현필 선생의 『공해시대 건강법』이라는 책을 읽고 건강에 대해 많은 이해를 얻게 되었고, 나 자신이 건강해지는 데 많은 도움이 되었다.

안현필 선생은 13세 때 맨주먹으로 일본으로 건너가 신문 배달 등 혼자 힘으로 일본 청산학원대학교 영문과를 졸업했다. 70년대 입시 영어의 필독서로 통했던 『메들리 삼위일체 강의』뿐만 아니라 『영어실력기초』, 『영어기초오력일체』의 저자이다. 전국의 수험생을 구름처럼 몰고 다니던 유명 영어 강사였으며 EMI학원(서울 종로 소재) 원장을 지내기도 했다. 이처럼 사회적 부와 명성을 누리던 안현필 선생의 삶도 살아간 과정을 좀더 자세 들여다보면 그다지 순탄치만은 않았다.

그가 건강에 눈뜨게 된 직접적인 계기는 두 형이 불치의 병으로 일찍 세상을 뜨게 된 가정적인 불운이었다. 그러나 무엇보다 유명강사로 학원장으로 바쁜 나날을 보내다 고혈압, 신장병, 당뇨병 등 불치에 가까운 각종 성인병을 얻게 되면서부터이다. 안현필 선생은 병치레를 거듭하며 그동안 쌓아왔던 모든 부와 명예를 한순간에 잃었다. 당시 그의 나이는 60세였다. 모든 것을 잃게 된 그는 고향인 제주도로 낙향, 본격적인 신병치료에 들어갔다. 그는 그곳에서 제2의 인생을 맞았다. 절박했던 삶에 대한 열정은 잊혔던 '자연건강'에 대한 새로운 집착으로 되살아난 것이다.

10여 년간 제주도 한라산 초근목피 생활을 통해 안현필 선생은 '안현필 식 건강법'을 터득하게 됐고, 노년에 접어든 70세 때 자연건강 전문가로 거듭났다. 그의 건강법 핵심은 제독, 자연식, 운동 등 삼위일체로 구분된다. 그는 자신과 같이 병으로 인해 생명은 물론 재산까지도 잃게 되는 사람이 없기를 바라는 마음이 간절했다. 그제야 그의 사명이 '국민 건강 운동'에 앞장서는 것임을 강하게 깨닫게 된 것이다.

이후 그는 90년대 초 육군사관학교, 영동세브란스 병원, 서울지방법원 등 여러 단체 및 기타 수많은 사람을 대상으로 한 건강강좌를 실시하였다. 그 후 교통사고로 얻은 후유증으로 2000년 87세의 나이로 타계하기까지 20년간 매월 전 국민을 대상으로 건강연수를 통해 수많은 사람을 질병에서 벗어나 자유로워질 수 있도록 노력해왔다. 그의 힘든 환경이 꿈이 되었고 수많은 사람의 질병을 예방하고 건강증진에 많은 기여를 한 것이다.

경영의 신으로 일컬어지는 마쓰시타 고노스케는 자신이 기업가로 크게 성공한 비결은 하나님이 주신 3가지 은혜 덕분이라고 밝혔다. "첫째, 몹시 가난해서 어릴 적부터 구두닦이, 신문팔이 같은 고생을 하면서 많은 경험을 쌓을 수 있었고, 둘째, 태어났을 때부터 몸이 몹시 약해서 항상 운동에 힘써왔으며, 셋째, 초등학교도 못 다녔기 때문에 세상의 모든 사람을 다 스승으로 여기고 열심히 배우는 일에 게을리하지 않았다." 마쓰시타는 부친의 사업 실패로 9세 때 초등학교를 중퇴한 후 수습사원 생활을 전전하다, 1918년 24세의 나이에 자본금 100엔으로 쌍소켓을 제조하는 마쓰시타 전기를 창업하였다. 1년에 절반은 누워 있을 정도로 약골이지만 이후 독자적 경영이념과 수완으로 급격한 성장을 일궈, 1989년 94세로 운명할 때는 내셔널(National)과 파나소닉(Panasonic) 브랜드로 종업원 13만 명의 세계 20위 다국적 기업으로 성장시켰다. 그는 일본인 사이에서 '1,000년간 가장 위대한 경제인'으로 추앙받고 있다.

지금 당신은 매우 힘들고 어려운 상황에 처해 있는가. 그 어려움을 뚫고 나아갈 꿈이 필요하다는 신호이다. 바로 그런 꿈을 꾸는 당신이 마쓰시타 고노스케처럼 역경을 하늘이 내린 선물로 삼아 세계 최고의 지도자로 성장할 수도 있는 것이다.

"감옥과 수도원의 차이가 있다면 불평을 하느냐 감사를 하느냐는 것뿐이다. 감옥이라도 감사를 하면 수도원이 될 수 있다."

– 마쓰시타 고노스케

4장

꿈을
실현할 수 있는
7가지 방법

01

정확한 기한과 목표를 정하라

여행을 떠날 때 목적지를 분명히 해야 하듯이 꿈도 한 문장으로 말할 수 있을 정도로 구체적이어야 한다. 대전 정부청사에 가려고 하는 사람이 정부청사라고만 치면 목적지에 제대로 도착할 수 없다. 정부청사는 서울에도 있고, 세종에도 있는 것이다. 목적지가 분명해야만 원하는 곳에 잘 도착하듯 인생의 목표도 마찬가지다.

꿈의 기한을 정확하게 쓴다는 것은 '데드라인'을 쓰는 것과 같은 것이다. 마치 원고를 쓸 때 제출 날짜를 정하고 글을 쓰는 것과 같은 것이다. 마감 날짜를 정하지 않고 쓴다면 마냥 늦어질 수 있게 된다. 이처럼 기한을 정하는 것이 중요하다. 꿈에 기한이 생기면 그때까지 이룰 수 있는 계획을 세운다. 원하는 꿈을 실현하기 위해서는 이와 같이 날짜와 함께 목표를 구체적으로 적어야 한다.

영화 〈마스크〉의 주인공 짐 캐리는 영화배우를 꿈꾸며 캐나다에서 미국으로 이주를 했다. 무명시절 돈이 없어 매우 궁핍한 생활을 해야 했다. 한때 쓰레기통에 버려진 빵과 음식을 주워 먹으며 허기를 달래야 할 정도였다. 그러던 어느 날, 언제까지나 이렇게 살 수 없다는 다짐을 하고 할리우드의 가장 높은 언덕으로 올라가 가짜 수표용지에 이렇게 적었다. "1995년 추수감사절 전까지 출연료 1,000만 달러를 받는 배우가 될 것이다." 그는 이 수표를 항상 지갑에 넣고 다니며 어려운 순간이 닥칠 때마다 꺼내 보며 새로운 각오를 다짐했다. 그 수표는 그가 어렵고 힘든 시절을 버티게 해준 원동력이 되어주었다. 그로부터 몇 년 뒤 그가 출연한 영화 〈마스크〉가 흥행에 성공하면서 그는 일약 스타덤에 올랐다. 그리고 1995년 추수감사절 전 1,000만 달러의 출연료를 받게 되었다. 그것은 시작에 불과했다. 이후 그가 출연한 영화가 계속 흥행에 성공하면서 그는 세계적으로 유명한 스타가 되었다.

나는 이 이야기를 읽으면서 온몸에 소름이 돋았다. 쉽게 믿을 수 없을 정도로 놀라운 이야기이기 때문이다. 그가 이루고 싶은 꿈이 그대로 현실이 된 것이다. 금액과 날짜까지 정확하게 일치한 것이 꾸며낸 이야기로 들리기 때문이다. 그의 이야기에서뿐만 아니라 꿈을 이루고 충만한 삶을 살아가는 많은 사람이 한결같이 하는 말이다.

실제로 자신의 목표를 구체적으로 적고 그 목표를 이룬 사람들이 많이 있다. 토마스 콜리가 쓴 책 『부자 되는 습관』에 있는 내용이다. 그중에서 부자들은 80%가 목표를 설정하는 반면 가난한 사람들은 12%이고, 목표 자체를 기록하는 비율은 부자들은 67%이고 가난한 사람들은 17%로 네 배의 차이가 난다고 한다.

소프트 뱅크 창업자인 손정의는 1980년 2월, 유니슨 월드를 시작하면서 다음과 같이 적고 선언을 했다. 그 당시 2명의 아르바이트 학생으로 사업을 시작할 단계로 매출은커녕 아르바이트 학생 월급도 제대로 주지 못한 처지였다.

"나는 5년 이내에 100억 엔, 10년 안에 500억 엔, 그 이후로는 조 단위 규모의 자산 가치를 지닌 기업으로 지금의 회사를 성장시킬 것이다." 하지만 그가 적은 대로 모든 것이 이루어졌다.

빌 클린턴은 흙수저에다 결손가정에서 태어났지만 32세로 미국 역사상 최연소로 주지사에 당선되었고, 46세에 미국 대통령에 당선되었다. 그는 앨런 라킨이 쓴 『시간과 인생을 통제하는 방법』을 읽고 단기, 중기,

장기 인생 목표를 적고, 목표마다 구체적인 실행내용을 적었다고 했다. 그가 퇴임한 지금도 전 세계적으로 영향을 미치는 사람이 된 비결이라고 감히 말할 수 있다. 다시 말하면 빌 클린턴은 자신의 목표를 구체적으로 적고 그 목표를 달성하기 위해 노력한 사람이라고 할 수 있다.

원하는 목표를 구체적으로 적고 그 꿈에 다가서는 방법은 그다지 어렵지 않다. 첫 번째 원칙은 꿈 노트를 한 권 마련해서 자신의 꿈을 노트에 적는다. 적은 내용을 소리 내어 읽어보고 마치 이루어진 것처럼 상상한다. 꿈 노트는 개인의 취향에 따라 크든 작든 상관이 없다. 다만 어느 때든지 볼 수 있고, 반복해서 적기에 편리한 것이면 된다. 이루고 싶은 것은 크든 작든 상관이 없다. 작은 것부터 터무니없이 큰 것에 이르기까지 다양하게 적어도 된다. 여기서 꿈이란 일종의 버킷리스트라고 해도 무방하다. 오로지 자신만을 위한 것, 가족을 위한 것, 자기가 속한 직장을 위한 것, 국가와 세계를 위한 것 등 범주도 다양하게 적어도 된다. 몇 번을 적으면 좋을지 개인마다 다르겠지만 매일 꾸준히 적어야 한다. 그리고 노트에 적은 내용을 읽고 그것이 마치 이루어진 모습을 생생하게 그리고 이루어진 것처럼 느껴야 한다.

그렇게 하려면 꿈 노트는 항상 가지고 다닐 수 있어야 한다. 사용하고 싶은 꿈 노트가 너무 두껍고 무겁다고 하면, 작은 수첩이나, 메모지도 괜찮다. 스마트폰이 있으니 스마트폰에 '에버노트' 앱을 깔고 사용해도 된다. 세상에 존재하는 모든 것과 마찬가지로 꿈도 자신을 귀하게 여기는 사람에게 기꺼이 다가서는 법이다.

1996년도 애틀랜타 올림픽을 앞두고 한 강연자가 강연 중에 선수들에게 다음과 같은 질문을 하였다. "여러분 중에 자기가 원하는 바를 기록한 꿈 노트를 가지고 있는 사람이 있습니까? 그 꿈 노트를 보면서 원하는 바가 이루어진 모습을 매일 생생하게 상상하는 사람이 있습니까?" 그러자 강연장에 모인 대부분의 선수들이 손을 들었다. 그는 다시 물었다. "그렇다면 지금, 이 순간 꿈의 목록을 적은 노트를 가지고 있는 사람이 있습니까?" 이번에는 오직 한 사람만이 그렇다고 손을 들었다. 그는 바로 1996년 애틀랜타 올림픽 10종 경기에서 금메달을 딴, 댄 오브라이언이었다고 한다. 그는 스포츠맨의 꿈인 올림픽 금메달과는 별로 인연이 닿지 않았다. 88서울올림픽을 앞두고 뜻하지 않은 부상으로 도중 하차했고 92년 바르셀로나올림픽 미국 대표선발전에서는 7경기까지 신기록 행진을 거듭했으나 장대높이뛰기에서 490㎝를 넘지 못해 0점을 기록, 올림픽 출전이 좌절됐다. 오브라이언은 '비운의 스타'란 꼬리표와 함께 역경을 딛고 일어선 인간 승리의 주역으로도 유명하다. 그러나 그는 올림픽 금메달에 대한 소망을 중단하지 않았다. 그는 "올림픽을 제패해 진정한 세계 제1인자로 대접받고 싶었다."라고 말하며 마침내 평생소원을 풀고 눈물을 펑펑 쏟았다. 그는 세계기록(8천8백91점, 1992년)을 수립하고 1991년, 1993년, 1995년에 걸쳐 세계선수권을 세 번이나 제패한 전설적인 인물이다.

　두 번째 원칙은 꿈 노트에 적은 내용은 반드시 이루어진다고 믿는 것이다. 누가 뭐라 하든 어떤 고난이 와도 그 믿음만은 변치 않고 지켜야 한다. 미국 캘리포니아에는 'Flag is up Farms'라는 목장이 있다. 그 목장의 주인인 먼티는 고등학교 때 선생님께서 어른이 되면 이루고 싶은 꿈을 써오라는 숙제를 한 적이 있다. 물론 다른 친구들도 미래의 꿈을 노트에 열심히 적어서 제출했다. 그런데 선생님이 볼 때 학생들이 열심히 적어서 낸 그 꿈들이 비현실적이고 터무니없이 허황하게 보이는 경우가 많았다. 그래서 선생님은 노트에 적힌 꿈들의 비현실성을 지적하면서, 현실적인 꿈들로 다시 적어오라고 말했다. 대부분의 학생들은 자신들의 꿈을 선생님의 지적에 따라 누가 보아도 실현 가능성이 큰 것으로 수정해서 제출했다. 그래서 대부분 좋은 점수를 받았다. 그런데 먼티만은 예외로 원래 제출한 그대로 다시 제출했다. 그리고 이렇게 적었다. "나는 200에이커의 목장 주인이 될 것이다. 나는 경주마 트레이너들을 고용하고, 서러브레드 순종 경주마들도 소유할 것이다." 그리고 목장의 조감도도 그려져 있었고, 목장의 구조, 목장에서 기를 가축과 일할 사람의 수 또한 구체적으로 적었다. 여러 페이지에 걸쳐서 상세한 설명과 함께 자기의 꿈을 적어 낸 것이다. 그러나 선생님은 그에게 화가 나서 다시 한번 잘 생각해서 제출하라고 말했다. 그는 먼티의 가정 형편상 절대로 그의 꿈은 실현될 가능성이 없다고 말하였다. 그래서 그의 처지에 맞는 실현이 가능한 현실적인 꿈을 적어오라고 했다. 그렇지 않으면 먼티에게 F를 줄 수밖에 없다고 했다. 그러나 그는 단호하게 이렇게 말했다. "선생님, 저는 원하는 것을 구체적으로 적고 상상하면 반드시 이루어진다는 말을 믿습니다. 저는 F를 받아도 상관이 없습니다. 저는 점수보다 제 꿈이 더 중요합니다." 결국, 그는 F를 받았다. 그런데 현재 미국 캘리포니아주에 있는 'Flag is up Farms'라는 목장은 먼티의 꿈의 노트에 적힌 내용이 거의 완벽하게 구현된 곳이다.

여기서 우리가 알 수 있는 것은 '가능'을 대하고 꿈꾸는 사람에게는 꿈이 현실이 된다는 것이다. 당신의 꿈은 무엇인가. 그것이 반드시 이루어진다는 믿음이 올 때까지 기한을 정하고 구체적으로 적어보기 바란다.

"나는 1980년에 미국에서 가장 유명한 동양인 배우로 천만 달러의 출연료를 받을 것이다."

– 원조 무술영화 배우 이소룡

02

구체적으로 상상하라

당신 안에 잠자고 있는 거인을 깨울 수 있는 가장 효과적인 방법이 바로 머릿속에 그림을 그리는 것이다. 만약 당신이 매력적이고 멋있는 모습이 되고 싶다면 먼저 당신의 머릿속에 그런 모습을 구체적으로 그려 넣어야 한다. 마음의 눈으로 선명하게 볼 수 있고 마치 그와 같은 사람이 된 것처럼 느끼고 행동을 하면 틀림없이 원하는 모습이 될 것이다.

예를 들면 만약 당신이 누군가를 만나야 하거나, 무엇을 주장해야만 한다고 하자. 그럴 경우, 상대방을 필요 이상으로 높이고 과대평가를 하게 되면 그만큼 당신은 상대에게 위축되고 억압을 당한다. 그러면 당신은 아무리 노력해도 제대로 실력을 발휘하지 못하고, 상대방에게 질 수밖에 없다. 당신이 평가를 당하는 피동적이고 수동적인 자세가 아니라 상대방을 평가하는 능동적인 자세가 되어야 한다. 당신이 누군가를 평가하는 입장과 당신이 평가를 당하는 입장은 완전히 다른 것이다. 상대방은 상대방의 전문분야와 의견이 있고, 나는 나대로의 전문분야와 의견이 있음을 분명히 해야 한다. 적어도 당신의 분야에서만큼은 충분히 자부심을 지니고, 잘하거나, 잘하지 못해도 관계가 없다고 생각해야 한다. 그러면 심리적으로 안정이 되고, 긴장감이 사라져 자신이 원하는 것을 온전히 표현할 수 있는 것이다. 상대방의 지위를 지나치게 의식하거나 반드시 잘해야만 한다는 강박관념을 가지고 있으면 실력 발휘는 물론 스스로 자기 자신을 잘 컨트롤할 수 없다.

윌리엄 E. 콘스터블 변호사, 그는 한때 인디애나주에 있는 석회 채굴장에서 9년 동안 일을 한 적이 있다. 어느 날 그는 '지금까지의 나의 삶은 헛된 삶이나 마찬가지다'는 생각을 하게 되었다. 그래서 앞으로의 인생은 좀 더 보람 있게 살기로 마음먹었다. 그날 저녁 집으로 돌아가서 앞으로 변호사가 될 것이라고 가족들에게 선언했다. 그리고 공부를 시작하여 인디에나대학에 들어가 하루에 8시간씩 채굴장에서 일하며 공부를 계속했다. 놀랍게도 평균학점이 4점 만점에 3.95를 받아 최우등학생으로 졸업을 했다. 그는 졸업식장에서 "아내와 세 명의 아이들이 진심으로 도와주었습니다."라고 감사의 말을 했다. 그리고 "내가 채굴장에서 9년을 보냈다는 사실이 변호사가 될 수 없다는 이유는 못 된다고 생각했습니다. 나는 날마다 변호사가 된 나의 모습을 상상했습니다."라고 고백했다.

실제로 상상력은 당신의 외모까지도 변화시킬 수 있다. 스스로 반짝이는 눈과 미소 띤 얼굴과 자상한 인품을 지닌 사람으로 상상해보라. 이러한 모습을 마음속에 간직하고 있으면 당신은 그런 사람이 될 것이다. 반대로 자신을 추하고 매력이 없는 사람이라고 상상해보라. 그러면 당신의 모습은 눈동자는 희미해지고, 얼굴에는 주름만 드러나고, 우울한 모습이 되어 매력이 없게 될 것이다. '로버트 슐러' 목사님은 상상력만으로 군살을 40파운드 줄였다고 한다. 목사님은 그분이 원하는 체격을 마음속으로 그려보고 항상 그 모습을 간직하고 다녔다고 한다. 보기 좋은 바나나 크림 파이를 보면 뚱뚱하고 보기 흉하고 자제력이 없는 사람의 모습을 그렸다고 한다.

당신의 이미지 속에 언제나 밝고 용기 있고 세련되고 자신이 넘치는 모습을 그려라. 걱정, 근심, 불안, 공포는 당신 스스로 만든 것이다. 당신이 꿈꾸는 미래의 모습은 어떤가? 성공한 모습, 실패한 모습, 아니면 아무것도 없는가? 마음에 새겨진 모습이 미래의 당신 모습이다.

일반적으로 책을 읽거나, 강의를 들을 때 그 내용이 머릿속에 그림이 그려지면 빨리 이해가 된다. 그래서 책을 읽을 때 내용과 관련된 그림이 있으면 보다 빨리 이해가 되고 읽는 재미도 느낄 수 있다. 강의자도 마찬가지다. 말로만 하는 것이 아니라 설명하는 내용에 대해 그림으로 설명을 하면 훨씬 덜 지루하고 이해하기가 쉽다. 물론 개인의 경험이나 인생사는 그림으로 설명하지 않아도 쉽게 상상이 간다. 굳이 그림이 필요 없다. 하지만 그림으로 표현한다면 더욱 공감이 가게 되고 기억에 오래 남는다. 그래서 어떤 내용이든지 상대방의 머릿속에 선명하게 그려질 수 있도록 설명을 한다면 설득력이 훨씬 더 커진다. 추상적인 말이나 철학적인 말은 아무리 좋은 내용이라도 듣고 나면 금방 기억 속에서 사라지고 만다. 그만큼 설득력이 부족했다는 말이다. 그래서 사람들은 만화책이나 TV 드라마, 영화를 좋아하게 되고 그림이 없는 인문학 서적이나 그림으로 설명하기 어려운 학문은 싫어할 수밖에 없는 것이다. 사람의 뇌는 실제로 보이지 않는 것보다 볼 수 있는 것을 더 좋아하기 때문이다.

이 세상에 있는 사람이 만든 모든 물건은 만들기 전에 미리 상상 속에 그려져 있었다. 테이블, 의자, 자전거, 자동차, 비행기, 기차, 강과 바다를 가로지르는 다리, 수많은 빌딩과 집, 아파트 등 처음부터 지금의 형상으로 존재한 것은 아니다. 마음속에 그려지지 않으면 실현될 수 없다.

꿈을 이룬 사람도 마찬가지다. 꿈을 이루기 전 먼저 그 모습이 확실하게 설계되어 있었다. 그러므로 당신이 원하는 모습이나, 갖고 싶은 것이 있으면 먼저 구체적으로 그려라. 마음의 눈으로 먼저 볼 수 있어야 한다. 그림으로 그려지지 않으면 현실에서도 어렵다. 수많은 사람이 피나는 노력을 해도 그만큼 대가를 얻지 못하는 것은 상상하지 않기 때문이다. 할 수 있다. 자신이 있다. 사기가 충만하다고 막연하게 말로만 외치는 것은 큰 효과가 없다. 시각적으로 상상하면서 말로 외치는 것은 그냥 말로 하는 것보다 10배 이상의 효과가 있다고 한다. 시각과 청각은 10:1 이상의 비율이라는 것이다. 대기업에서 수많은 돈을 주고 TV나 신문 광고를 하는 이유이다.

상상이란 사람이 창출할 수 있는 모든 '착상'을 구체화하는 과정이다. 착상이나 소망은 상상력에 의해서만 비로소 모양이나 무게, 부피를 가진 현실의 모습으로 드러난다. 사람이 상상할 수 있는 것은 무엇이든지 실현 가능하다. 그 예로, 상상을 통하여 하늘을 날고 물 위를 다니고 우주의 원리를 이해하고 모든 물질의 구조를 밝히고 새로운 물건들을 만들어 냈다. 모든 인간의 한계는 우리 인간이 얼마나 상상을 할 수 있는가에 달려있다고 해도 틀린 말은 아니다. 그러나 사람들 대부분은 상상력이 그만큼 중요한지 모르고 지낸다. 그만큼 상상력을 활용하지 않는다. 인류 역사를 살펴보면 과학, 문학, 스포츠, 예술, 비즈니스 등 각계각층의 뛰어난 사람들은 대부분 창조적 상상력 계발에 성공한 사람들이다.

다빈치, 뉴턴, 아인슈타인, 에디슨, 파인먼, 이들이 모두 위대한 발명가, 혹은 수학·과학의 천재라는 공통점은 누구나 알고 있는 사실이다. 그러나 그들에게는 화려한 업적 이외에도 분명한 공통점이 있다. 바로 당시 사람들은 절대로 볼 수 없었던 무언가를 '상상'했다는 점이다. 그들 모두 구체적인 상상을 바탕으로 이론적 설명을 하였고 이미지까지 만들어놓았다.

꿈을 이루기 위해서는 소망하는 것을 먼저 그리고 그것을 날마다 바라보며 그것을 이루겠다고 다짐을 하는 것이 필요하다. 그리고 "그것을 얻기 위해서는 무엇을 어떻게 해야 하는가?" 이런 질문과 함께 그것을 얻으면 어떻게 선한 영향력을 줄 수 있을지에 대한 대답도 동시에 구해야 한다. 이렇게 함으로써 당신이 원하는 꿈을 이루기 위해 온 힘을 모으게 된다. 결국, 원하는 것을 위해서라면 무엇이라도 하기에 생각보다 훨씬 빨리 원하는 것을 가지게 되는 것이다.

만약 당신이 애를 쓰는데도 망상이나 공상만 하게 된다면 문제는 상상력이 아니라 목표이다. 분명한 목표가 없이는 상상도 안 된다. 오로지 목표에 마음을 집중하는 상태가 의도적으로 상상하는 것이기 때문이다. 당신이 무엇을 원하는지 질문을 해야 상상할 수 있다. 당신이 원하는 직업은 무엇인가? 당신이 되고 싶은 사람은 어떤 사람인가? 당신이 원하는 수입은 얼마인가? 당신은 어떤 집에 살기를 바라는가? 마음이 가는 대로 대답해보라. 늘 마음에 품고 있는 생각이 있다. 구체화하지는 못했지만 늘 바라던 삶이 있고 가지고 싶어 하는 것이 있다. '이루기 불가능할 거야.' 하며 스스로 한계를 두고 포기했던 꿈들이 있다. 바로 그러한 것들을 찾아내라. 그리고 그러한 꿈들을 성취하고 난 뒤 당신의 모습이 어떠한지를 그려라. 그것을 생생하게 상상하는 일만으로도 당신의 꿈은 이미 이루어진 것이나 다름이 없다.

상상은 자전거를 타는 것과 유사하다. 처음 페달을 밟고 자전거를 출발하기는 힘이 든다. 오르막에서 출발할 때는 거의 불가능한 것처럼 어렵다. 그러나 시간이 지나고 가속도가 붙으면 적은 노력으로 더 빠른 속도를 낼 수 있다. 상상력도 그와 마찬가지이다. 암담한 현실을 뛰어넘어 성공적인 미래를 상상한다는 것이 처음에는 거의 불가능해 보인다. 그러나 새로운 자화상을 매일 상상하는 동안 상상력이 강화된다. 상상하는 것이 익숙해지고 습관이 되면 미래의 자기 모습을 떠올리기 쉽다. 더군다나 그대로 믿어지고 신비스럽게도 원하는 모습이 된다.

03

긍정적인 결과에 집중하라

 긍정적인 마음이 사람을 얼마나 변화시킬 수 있는지 절망의 끝에 서 본 사람들은 잘 알 것이다. 모든 것을 포기하고 삶의 끈마저 놓고 싶은 마음, 어둠 속에 혼자 갇혀 있는 듯한 그런 기분이 들 때 더욱 그렇다. 나도 이런 마음을 알기 때문에 더욱더 긍정의 힘이 얼마나 중요한지 말하고 싶다. 나도 한때 무엇이든지 부정적으로 생각해서 너무나 힘든 삶을 살았기 때문이다. 그래서 나부터 먼저 긍정적인 마음으로 변해서 나의 삶이 얼마나 바뀌게 되었는지 전하고 싶은 마음이 간절하다.

그러니까 내가 중학교 2학년 1학기까지 공부를 잘 몰랐다. 아니 큰 관심이 없었다. 그 이후 시험 기간이 아니어도 공부를 하게 되었는데 장래에 무엇이 되어야겠다는 목표 없이 그저 좋은 성적을 받는 것이 목적이었다. 그런 과정에서 성적에 대한 염려와 걱정을 먼저 하게 되었다. 좋은 성적을 얻어서 칭찬을 받고 상을 받는 것이 전부여서 그렇지 못하면 어쩌나 하고 걱정을 먼저 하였다. 결국, 노력에 비해 좋은 성적을 얻지 못했다. 그 과정에서 장래에 대한 꿈을 가지고 긍정적인 마음을 가졌더라면 지금과는 다른 삶을 살고 있으리라 생각한다.

그래서 긍정적인 마음이 얼마나 중요한지 뼈저리게 느끼고 있다. 모든 것을 하나님께 맡기고 사는 것이 가장 좋다. 그렇지만 목표한 것을 이루기 위해 부단한 노력이 필수적이다. 물론 뜻대로 잘되지 않아도 실망하지 말아야 한다. 목표를 이루는 다양한 방법을 찾고 자신에게 가장 적합한 방법을 찾는 것이 중요하다.

긍정적인 사람이 되려면 우선 생각과 말 하나하나부터 부정적인 것은 삼가야 한다. 우선 말을 바꾸고, 생각을 바꾸고 적는 글 또한 긍정적으로 바꾸어야 한다. 예를 들면 밥을 먹다 국물이 쏟아졌다고 하면 '에이, 참, 재수가 없네….'라는 식으로 말하지 말고, '밥을 조금 먹게 되었으니 정말 다행이야.', '괜찮아.', '이제 더 좋은 일이 생길 거야.' 하고 웃어라. '과식하지 않기'보다 '식사를 알맞게 하기' 등으로 표현하고 행동을 하는 것이다.

똑같은 상황에서 어떤 마음과 생각을 하느냐에 따라서 그 기분이 하루를 좌우하고 더 나아가 평생을 좌우하게 된다. 누군가에게 거절을 당하게 되어도 그 사람에 대한 원망이나 아쉬운 마음보다 다른 누군가가 더 적합할 것이라는 생각을 먼저 하기 바란다. 거절에 대한 마음가짐만 잘 가져도 세상을 살아가는 데 얼마나 도움이 되는지 모른다. 누구한테 싫은 소리를 들어도 마음을 움츠리지 말고 거울을 보며 '괜찮아, 언제나 좋은 소리만 들을 수 없지. 앞으로 더 좋은 사람이 될 거야.'라고 하며 씩 웃어보기 바란다. 그리고 '모든 게 다 잘되어가고 있어.', '좋은 일들이 더 많이 생길 거야.', '바라는 모든 일이 다 이루어진다.'라고 말해보자.

졸업식과 신입사원 환영회, 결혼식장에서 희망의 메시지를 자주 듣는다. 당연한 예기지만 미래를 위해 열정적으로 살며 꿈을 실현하는 사람도 있고 그렇지 못한 사람도 많다. 꿈을 이루고 원하는 바를 이루고 행복하게 사는 비결은 긍정적으로 사는 것이다. 그래야 최선을 다해 오늘을 살게 되고 더 나은 미래를 맞이하게 된다. 누구나 가능한 일이다. 어떤 어려운 상황에 처해 있어도, 어떤 고난이 찾아와도 상관이 없다. 그러나 대부분의 사람들은 부정적인 면에 더 많은 초점을 맞추고 살아간다. 스스로 약하고, 자격이 없다고 생각한다. 자존감이 낮으며, 스스로 행복할 수 없는 이유와 조건을 민감하게 찾아낸다. 이런저런 이유로 행복한 삶은 자신과 거리가 먼 것처럼 생각한다. 다만 '언젠가 좋은 일이 생길 거야, 언젠가 가족과 즐거운 시간을 마음껏 보낼 수 있을 거야, 언젠가 많은 돈을 모으고, 언젠가 마음껏 행복할 거야라고 하며 행복을 미루는 사람도 있다. 그러나 '언젠가'는 찾아오기 힘든 시간이다. 찾아와도 아주 잠시 머물다 사라지고 또다시 언젠가를 기대하게 한다. 우리에게는 오직 오늘이 가장 중요한 시간이다. 과거는 더 이상 어쩔 수 없다.

'긍정적인 농부'와 '부정적인 농부' 이야기가 있다. 비가 내리자 긍정적인 농부가 말했다. "주님, 농작물에 비를 내려 주시니 감사합니다." 그러자 부정적인 농부가 코웃음을 쳤다. "무슨 소리야? 비가 계속 와서 곡식 뿌리가 썩으면 올해 풍년은 기대할 수 없는 거라고." 많은 사람이 이 부정적인 농부와 같다는 생각이 들지 않는가? 부정적인 면만 보고 생각하는 사람이 의외로 많다. 우리 주위에는 비관주의자들이 많으므로 그들을 따라 하지 않도록 철저히 경계해야 한다. 삶의 긍정적인 결과에 초점을 맞추어라. 심리학에 의하면 우리의 삶은 우리의 생각대로 따라간다고 한다. 평안과 즐거움, 승리, 풍성함, 축복이 우리의 생각을 차지하고 있으면 그런 긍정적인 요인들과 우리의 삶은 서로 일치하게 된다. 한 마디로 우리의 삶은 우리의 생각대로 된다.

우리의 생각이 오랫동안 특정한 모양을 이루는 것은 강물이 특정한 방향으로 패여 흐르는 것과 같다. 부정적인 생각을 할 때마다 비관적인 방향으로 깊이 흐르게 된다. 마음의 방향이 부정적인 패턴으로 고정되는 것이다. 그러나 마음먹기에 따라 긍정적인 방향으로 향하는 새로운 물꼬를 틀 수 있다. 생각할 때마다 좋은 상황만을 바라보아야 한다. 부정적으로 향하던 물이 긍정적인 방향으로 바꾸어 흐르게 할 수 있다. 비관적인 생각에서 긍정적인 생각으로 방향을 바꾸면 마침내 긍정적인 결과를 볼 수 있게 된다. 하지만 언제든지 부정적인 방향으로 가고 싶은 유혹이 들 때가 많다. "절대로 잘 될 수 없어. 절대로 안 돼."라고 말하던 이전의 비관적인 습관은 과감하게 차단해야 한다.

의식적으로 부정적인 생각을 거부하고 긍정적인 생각을 선택하는 노력이 절대 필요하다. 항상 좋은 일을 기대하며 앞으로 일어날 좋은 일을 떠올려야 한다. 아침에 일어나자마자, "오늘은 좋은 날이야, 인생 최고의 날이 될 거야. 오늘도 내게 주어진 시간을 마음껏 누리고 기뻐할 거야." 라고 말하며 하루를 시작하라. 우리의 생각에는 상상할 수 없는 큰 힘이 있다. 우리의 삶은 평소 우리가 생각한 대로 펼쳐진다. 우리의 삶의 방향은 우리의 생각의 방향과 일치한다. 우리가 긍정적인 생각을 하든 부정적인 생각을 하든 자유다. 마음에 떠오르는 생각이 부정적이라면 무조건 차단해야 한다. 두려움, 낙심, 근심, 걱정 등 우리를 약하게 하고 불안하게 하는 것들이라면 우리 마음에서 즉시 몰아내야 한다. '너는 절대로 잘 될 수 없어. 너의 집안을 생각해 봐. 누구 하나 잘 난 사람이 있냐? 너 역시 바보 같잖아. 너의 부모도 그다지 잘 나지 않았고, 너의 할아버지, 너의 형제 모두 그저 그렇잖아. 너도 역시 어쩔 수 없어.' 이런 부정적인 생각에 속으면 절대 안 된다.

　나의 부모와 형제를 보면 모두 그렇게 잘난 분은 한 분도 안 계신다. 그러나 부모와 형제 모두 나에게 "너는 잘 될 거야. 너는 할 수 있어." 등 언제나 긍정적인 신호를 나에게 보내주었다. 특별히 어머님께서는 "너는 인상이 반듯하니까.", "너는 귀가 조막귀라서 잘 살 거야." 등 언제나 내게 긍정적인 말씀을 해주셨다. 그래서 나는 언제나 노력만 하면 잘 될 것이라 굳게 믿고 있다. 그래서 그런지 한때 부정적인 마음으로 채워져 있었지만, 마음 한구석에는 이런 긍정적인 마음도 자리하고 있었다. 지금까지 살아오면서 모든 일이 내가 원하고 뜻한 대로 되지 않았지만 그래도 지금까지 살아온 것은 이러한 긍정적인 신호를 내게 심어 준 부모와 형제들이 있었기 때문이다.

　그러나 지금껏 살아오면서 나에게 부정적인 신호를 내게 보내준 사람들도 있다. 한때 그런 부정적인 말에 사로잡혀 나 스스로 자신에게 비관한 적도 있고 애써 잊어버리려고도 했다. 특히 일이 뜻대로 되지 않으면 그 말을 한 사람을 탓하며 원망하기도 했었다. 이제는 그런 사람들의 말에 완전히 자유로워졌다고 생각된다. 하지만 돌이켜 생각해보면 그런 사람들의 말을 마음에서 완전히 비우지 못하고 살았다는 것은 참으로 안타까운 일이라 생각된다.

나는 대학 2학년 때 하나님을 인격적으로 만났다. 마음 한구석에 자리하고 있던 불안한 마음을 내려놓고 기도를 하기 시작했다. 지금까지 거의 매일 새벽기도회에 참여하여 구체적으로 기도하고 있다. 의심과 불신이 공격해올 때마다 기도로 그것을 거부하며 하나님께 나의 모든 문제를 맡기며 살고 있다. 기도를 꾸준히 하게 되면 어렵고 힘든 고난이 찾아와도 그것을 사람을 단련하는 금보다 귀한 기회로 삼고, 늘 긍정적인 마음으로 살게 된다. 무엇보다 마음에 평안과 기쁨이 넘친다. 예전에는 조그만 문제가 생겨도 큰일처럼 생각하던 마음이 지금은 전혀 그렇지 않다. 자연스럽게 부정적이고 절망적인 생각은 사라지고 늘 긍정적인 생각으로 채우고 있다. "네 믿음대로 될지어다"라는 성경 구절과 같이 우리의 마음이 긍정적이면 우리의 삶도 긍정적으로 변하게 된다. 당신의 꿈이 이루어지리라는 확신과 믿음이 있는 한 그 꿈은 현실이 되는 것이다. 긍정적인 결과에 초점을 맞추고 집중하는 것이 꿈을 이루는 데 절대적으로 필요한 이유가 된다.

04

좋은 사람들을 만나라

사람을 만난다는 것은 매우 중요한 일이다. 여기서 '만나다'라는 것은 단순히 한두 번 만나는 그런 만남이 아니다. 매일 혹은 원하면 언제든지 만날 수 있는 그런 만남이다. 그런 만남은 우정이 되기도 하고, 연인이 되고 부부가 되기도 한다. 그런 만남은 만나는 사람의 일생과 만나는 것이 되는 것이다.

누군가를 만난다는 것은 좋은 만남이 되어야 당연히 좋은 일생이 되는 것이다. 특별히 같은 꿈을 가지고 같은 길을 가는 사람은 삶의 동반자가 된다. 좋은 만남을 위해서는 만나는 사람이 좋아야 하고 나도 좋은 사람이 되어야 한다. 나에게 좋은 사람은 속마음을 드러내고 함께 웃고 울 수 있는 사람이다. 빠르게 변화되는 세상에 제대로 적응하기 위한 우리 의 삶은 고달픈 순간이 많다. 누구에게나 한 번쯤은 모든 것을 포기하고 싶을 만큼 지치고 약해지는 순간이 왜 없겠는가. 힘들고 아프고 슬픈 순 간이 있는 것이다. 그렇다고 그럴 때마다 주저앉아 마음껏 울 수는 없다. 그 때문에 대부분 애써 눈물을 삼킨다. 하지만 눈물은 사람의 지친 몸과 마음을 정화해주고 회복시켜주는 힘이 있다. 앞이 캄캄하고 누군가에게 받은 상처로 아프고 힘들어 괴로울 때 마음껏 눈물을 흘리고 나면 응어 리진 마음이 풀리고 시원해진다. 그리고 계속 나아갈 힘이 생긴다. 그런 숨기고 싶은 어두운 순간을 아무런 부담 없이 함께 나눌 수 있는 사람이 진정으로 소중한 존재이다.

예수제자 훈련을 시작하는 첫 시간에는 각자 살아온 이야기를 짧게 나 눈다. 그 짧은 시간에 자신의 과거를 돌아보며 많은 사람이 눈물을 흘린 다. 지나온 삶의 무게에 눌려 모두 고단하고 힘에 겨웠음을 말한다. 그 힘들고 긴장된 삶에서 맺혀 있던 감정들이 포근한 사랑의 마음에 녹으며 왈칵 눈물로 쏟아져 나온 것이다. "한껏 울고 나니 제 가슴이 후련합니 다. 하나님의 사랑의 힘을 느끼게 됩니다."라고 모두 한결같이 말한다.

힘들고 지쳐 쓰러지고 싶을 때 언제든 기대어 울 수 있는 그런 사람이 늘 곁에 있다면, 고단한 세상살이도 그리 힘들지 않게 올바른 방향으로 살아갈 수 있다. 이와 같은 사람은 단지 힘든 몸을 회복하는 범주에만 머무르지 않는다. 어떤 처방도 하지 않고 병을 고치고 마음을 보듬는다. 삶의 경계를 넘지 않도록 도움을 주고, 설사 넘는다고 해도 올바른 방향으로 나아가도록 생각과 행동을 고치도록 도와준다. 이렇듯 좋은 사람을 만나려면 나 또한 좋은 사람이 되어야 한다. 누군가의 가슴에 얼굴을 묻고 울 수 있는 사람을 만나려면 나 또한 누군가가 내 가슴에 얼굴을 묻고 울 수 있는 사람이 되어야 한다. 내가 꿈을 꾸며 나아가는 길에 좋은 동반자를 만나고 싶다면 누군가의 꿈을 이루어가는 데 좋은 동반자가 되어야 한다. 나의 가슴을 열어야 한다.

사람의 두뇌는 전지와 같다. 여러 개의 전지를 연결하게 되면 한 개의 전지보다 훨씬 더 큰 에너지를 얻을 수 있다. 마찬가지로 사람의 두뇌라는 전지도 한 사람보다는 여러 사람의 두뇌가 모여 연결이 될 때 훨씬 더 큰 시너지 효과를 낼 수 있는 것이다. 다시 말하면 두 사람 이상이 모여 서로 조화를 이룰 때 한 사람보다 월등하고 큰 아이디어를 만들어낼 수 있다. 이것은 전지를 여러 개 사용하여 결합하는 것이 전지 한 개를 사용하는 것보다 훨씬 더 큰 에너지를 낼 수 있는 원리와 같다. 이 원리를 이해하면 다른 사람들의 아이디어를 잘 이끌어내고 좋은 협력자로 만들 수 있는 것이다. 여러 사람이 함께할 때 혼자서는 도저히 할 수 없는 일들도 잘하게 된다. 혼자라면 망상으로 끝나버릴 일들도 현실로 만들 수 있는 것이다.

헨리 포드는 매우 가난하고 배움도 많지 않았으며 세상 돌아가는 이치도 잘 모르는 상태에서 사업을 시작했다. 그러나 불과 10년 만에 그는 이와 같은 불리한 점을 극복하고 미국 최고의 사업가가 되었다. 그가 그렇게 된 것은 토머스 에디슨과 친구가 되었고, 하베이 파이어스턴, 루터 버뱅크, 윌리엄 버로스 등 훌륭한 사람들과도 친구가 되었기 때문이다. 이들과 교류하면서 얼마나 많은 조언과 도움을 받았겠는가. 서로 가슴을 열고 조화롭게 친분을 쌓아감으로써 서로의 소질이나 습관, 사고에 많은 영향을 주고받았을 것이다. 헨리 포드는 이들과 좋은 만남을 통해 그들이 가지고 있던 지성이나 경험, 정신력을 흡수하고 그들을 잘 활용한 것이다.

이와 같이 우리의 꿈을 이루기 위해서는 협력자의 힘을 빌리는 것도 필요하며 이는 내가 할 수 없는 일을 할 수 있도록 한다. 인간의 마음은 에너지의 보고와 같다. 두 개 이상의 마음이 조화를 이루며 서로 협력하게 되면 제3의 마음이 탄생하게 된다. 그것은 눈에 보이지 않는 엄청난 에너지를 가지고 나의 꿈에 한 발 더 다가서도록 도움을 준다.

꿈이 같은 방향이라면 같은 꿈을 꾸고 있는 가슴들이 연결된다. 살아온 모습은 모두 다르지만 꿈의 방향이 같다는 관계로 변함없이 함께 세월을 따라 오랫동안 수월하게 갈 수 있다. 꿈이라는 공통분모는 오랫동안 허물없이 오래 갈 수 있도록 서로의 마음을 열게 한다. 특별히 꿈을 먼저 이룬 사람이라면 뒤따라오는 사람의 마음을 더 잘 헤아릴 수 있고 누구보다 잘 도와줄 수 있다. 무엇보다 중요한 것은 오래도록 그 꿈을 지켜주고 키워주는 것이다. 꿈을 향한 걸음은 100m 달리기가 아니라 마라톤처럼 오래 달리는 것이다. 한번 꿈을 꾸고, 한번 잠시 동행하는 일은 쉽다. 그러나 한마음으로 오래 동행하고, 서로 협력하는 일은 정말 쉽지 않다. 한결같이 함께 잘 가는 것, 끝까지 잘 가는 것, 그것이 오래달리기, 오래 동행하기다. 어느 모임에서 한 교회 장로님이 이런 '농담'을 했다. "'20년 동안 마누라 바꿔주십시오.'라고 간절히 기도했습니다." 그 농담을 듣고 많은 사람이 손뼉을 치고 크게 웃어댔다. 그러고 나서 자신의 결혼생활에 관한 이야기를 나누며 웃기도 하고 울기도 하며 수많은 사연을 털어놓았다. 부부가 한평생 긴 세월 함께 살면서 한 번도 싸우지 않고 아무런 문제 없이 살기는 참으로 힘든 일이다. 대부분 사연이 있고 우여곡절이 많다.

30년이 넘는 나의 결혼생활은 별다른 문제가 없는 것처럼 보인다. 그렇지만 나에게도 힘든 시간이 있었고, 심한 갈등으로 어려움을 겪기도 했다. 지금도 가끔 서로를 오해하고 심하게 다투기도 한다. 그러나 나의 아내가 몹시 아프거나, 영영 볼 수 없을 때를 생각하면 내가 화를 낸 것을 몹시 후회할 것이다. 별것 아닌 것을 가지고 사람을 아프게 하고, 나

중에 아내와 영영 이별할 때 그때 좀 더 잘해줄 걸 하고 후회할 것이 분명하기 때문이다. 꿈의 방향이 같으면 언제든지 힘이 들거나 도움이 필요할 때 서로에게 힘이 되어주고 든든한 버팀목이 되어줄 수 있다. 그래서 부부는 꿈의 방향이 한 방향이어야 한다. 그 꿈이 향하는 길을 함께 찾고, 그렇게 찾은 길에 어떤 장애물이 있어도 함께 극복하며 걸어가야 한다. 부부는 '둘이 하나'가 되어가는 긴 여정이다. 같은 곳을 바라보며 나아가는 길고 긴 항해와 같은 것이다.

같은 꿈을 향해 아름답게 걸어갔던 아름다운 동반자의 모습을 보여준 부부가 있다. 바로 스콧 니어링과 헬렌 니어링이다. 스콧 니어링은 아동 노동 착취를 반대하고, 제국주의 국가들이 세계대전의 주범이었음을 주장하다 대학교수직에서 해직당했다. 이렇게 힘든 시기에 스콧과 헬렌은 사회의 따가운 시선과 스물한 살이란 많은 나이 차이를 극복하고 부부가 되었다. 헬렌은 스콧을 동지이자 남편으로 진심을 다해 사랑한 것이다. 두 사람은 모든 것을 버리고 깊은 산골로 들어가 손수 집을 짓고 농사를 지으며 살아갔다. 생계를 위해 필요한 최소한의 시간을 제외하고 두 사람은 함께 책을 읽고 여행을 다녔다. 세상의 부귀와 명예를 모두 다 내려놓고 자연과 더불어 살기를 꿈꾸었다. 두 사람은 같은 꿈으로 같은 방향의 삶을 향해 살았던 것이다. 서로 힘을 다해 당겨주고 밀어주는 아름다운 동행이었다. 그러기에 그들의 삶의 이야기는 많은 사람에게 깊은 울림을 주고 있다. 당신과 나, 둘이 하나가 되는 우리는 호수와 같다. 당신이 있어 내가 있고, 내가 있어 당신이 있는 것이다. 둘이 따로 떨어져 존재할 수 없는, 우리는 호수가 되는 것이다. 삶이 꿈이 되는 것이다.

05

매일 꿈을 적고 큰소리로 외쳐라

말에는 뼈가 있고 말이 씨앗이 된다고 한다. 긍정적인 말이나 부정적인 말을 자꾸 반복하게 되면 신념이 생긴다. 어떤 이는 무조건 신념을 가지고 최선을 다하라고 한다. 신념은 처음부터 생기지 않는다. 특별한 경험이나 계기가 있어야 한다. 그렇지 않으면 원하는 바를 반복해야만 생긴다. 마음속에 품고 있는 것은 반드시 이루어진다는 것을 믿고 반복해야 한다. 이미 이루어진 모습을 그리며 반복해야 한다. 공부할 때도 단순히 책의 글자만 보는 것이 아니라 그림이나 사진 같은 것을 보며 하는 공부가 이해도 잘 되고 기억도 오래간다. 더욱이 본 것을 실제로 소리로 들고 느끼며 내가 직접 말하는 것을 들을 때 효과적이다.

심리학의 아버지라 불리는 윌리엄 제임스 박사는 "사람의 행동은 감정에 따라서 나타나는 것처럼 보이지만 실제로는 행동과 감정은 병행한다. 행동은 의지력으로 조절할 수 있지만, 감정은 의지로 조절되지 않는다. 그러므로 기분이 나쁠 때는 즐거운 사람처럼 행동하고 명랑하게 움직이면 즐거워진다."라고 말했다.

무언가를 할 의욕이 생기지 않고 괜히 불안할 때는 가만히 앉아 있는 것보다는 큰소리로 웃거나 떠들고, 될 수 있으면 움직이는 것이 좋다. 사람들은 슬프면 울고, 울면 슬퍼지기도 한다. 웃음도 마찬가지다. 기쁘면 웃고, 웃으면 기뻐진다. 자신감도 마찬가지다. 자신이 있으니까 큰소리치고 자신이 없어도 큰소리치면 자신감이 생긴다. 누구든지 처음 시작은 어렵고 힘이 든다. 그러나 일부러라도 반복하면 익숙하게 되고, 익숙하게 되면 습관이 되어 쉬워진다.

심리학에서는 큰 소리로 말하고 웃으면 자신감이 15% 더 생긴다고 한다. 소심한 사람, 부끄러움이 많은 사람, 오랫동안 억압을 받으며 살아온 사람일수록 적은 소리로 말하고 웃는다. 이런 사람들이 큰소리로 웃고 말하기만 해도 심리적인 억압에서 풀려날 수 있다고 한다. 손으로 격파를 하거나 무거운 것을 들어올리거나 힘을 써야 할 때 크게 소리를 지르게 되면 15% 더 무거운 것을 들어올릴 수 있고 힘도 15% 이상 발휘할 수 있다고 한다. 그 이유는 큰 소리를 냄으로써 무의식적인 힘을 발휘할 수가 있기 때문이다.

『부의 법칙』의 저자로 널리 알려진 캐서린 폰더는 목표와 실현 계획을 노트에 적고 그 결과를 상상력을 발휘하여 마음속에 그림으로 그리고 나서, 상상한 그대로 되라고 명령하라고 했다. 실제로 그녀로부터 가르침을 받은 많은 사람이 가난에서 벗어나 부자가 되기도 하고 사업에 크게 성공하기도 하였으며, 직장에서도 크게 인정받는 사람으로 거듭나기도 했다. 그녀의 주장은 한마디로 자신의 소망이 이루어진 모습을 생생하게 상상하면서 큰소리로 외치는 것이다.

교육심리학자 폴 그래그 박사는 자신의 소원을 적고 소리 내어 외치면 누구나 자신의 꿈을 이룰 수 있음을 존 데마르티니 박사의 사례를 통해서 밝혀냈다. 존 데마르티니 박사는 일곱 살에 학습 불능 진단을 받고, 열네 살에 학교를 그만두었다. 그 후 약물(신경 흥분제) 중독으로 거의 죽다 살아났다. 폴 그래그 박사는 존 데마르티니를 치료하면서 "나는 천재다. 나는 내 지혜를 활용한다."라는 문장을 큰소리로 외치며 천재가 된 것처럼 상상하게 했다. 결국, 존은 휴스턴대학교를 졸업하고 계속 공부를 해서 박사학위를 따고 백만장자가 되었다. 그는 54개의 연수프로그램과 13권의 책을 펴냈다. 그는 전 세계를 여행하면서 연설을 하고 성공과 삶의 기술에 대한 자신의 강좌를 열어 강의하고 있다.

자기암시란 우리가 오감을 통해 스스로 자기 마음에 주는 암시를 말한다. 일종의 자기최면이라 할 수 있다. 자기암시는 자기 자신의 생각이나 소원을 의식적으로 잠재의식에 주입하여 우리의 인생을 변화시키는 놀라운 힘이 있다. 사람은 누구나 '자신의 생각'이 있다. 그것이 긍정적이든, 부정적이든 자기도 모르게 잠재의식에 자기암시가 된다. 우리의 생활에 필요한 모든 것은, 바로 사람이 이 오감을 통해 잠재의식에 들어 있는 생각을 자기암시로 창출해낸 것이다. 그러나 사람들 대부분은 자기암시의 힘을 잘 모른다. 잠재의식은 옥토 밭과 같다. 그러나 그 땅이 아무리 비옥해도 가꾸지 않으면 풀과 잡초만 무성하게 자라는 쓸모가 없는 땅이 된다. 잠재의식도 마찬가지다. 긍정적인 자기암시를 심어주면 잠재의식은 당신을 원하는 데로 이끌어간다. 그러나 그대로 방치를 하면 아무리 가능성이 큰 잠재의식도 망상에 의해 사라져버린다.

　따라서 자기암시를 통해 잠재의식을 자극하는 것은 대단히 중요하다. 그중에 한 가지가 당신의 꿈을 노트에 써서 하루에 여러 번 반복해서 읽고, 이미 그것이 이루어진 것처럼 느끼는 것이다. 여기서 소리 내어 읽을 때 소리가 클수록 효과가 크다. 소리가 클수록 온전히 집중하게 되고 공상이나 잡념이 들지 않기 때문이다. 이렇게 하면 소망은 잠재의식 속에서 부동의 신념으로 변화된다. 잠재의식은 마음의 변화, 즉 '감동'에 의해서 비로소 엄청난 힘을 드러낸다. 감동이 없는 단순한 말만으로는 잠재의식을 움직이지 못한다. 잠재의식을 자극하기 위해서는 신념에 찬 감동이 우러나와야 한다. 진심으로 꿈을 이루기 위해서는 끝까지 참고 해내고 말겠다는 결심이 잠재의식을 불러일으킨다. 당신이 간절히 원한다면 온전히 마음을 모으고 집중하여 원하는 바를 쓰고 외쳐야 한다. 자기 확신에 찬 말을 통해 그 사고가 잠재의식에 깊이 새겨진다. 보이지 않는 내면의 힘이 말에 힘을 실어주고 말로 선포한 것이 현실이 된다.

제1차 세계대전 중, 프랑스와 독일 간에 벌어졌던 베르단 전투에 있었던 일이다. 막강한 독일군이 프랑스에 진격할 때. 프랑스의 장군 페탱은 절망감을 강철처럼 강한 결의로 바꾸었다. 그는 "프랑스군은 독일의 공격을 막아낼 수 있다."라고 입버릇처럼 말했고, 프랑스 전군의 뇌리에 확고하게 새겨지도록 했다. 이 말을 반복해서 들은 프랑스 군사들은 마치 최면에 걸린 듯 독일의 공격을 막아내는 것밖에 생각하지 않았다고 한다. 이 말 한마디로 프랑스군의 군사력이 훨씬 더 강력해졌음이 틀림없다. "독일군은 전선을 뚫지 못한다."를 반복함으로써 프랑스 군사들은 힘차게 돌격했다. 심지어 부상을 입어 전투에 참여하지 못하는 프랑스 군인들의 태도에서조차 강한 투지가 불타고 있었다. 포탄의 충격으로 망연자실한 군사도, 반쯤 정신이 나간 군사도 "독일군은 전선을 뚫지 못한다."라는 말을 반복할 정도였다고 한다. 베르단에서 싸운 군사 전원이 오직 "독일군은 전선을 뚫지 못한다."라는 생각에만 빠져 있었다. 한 종군

기자는 다음과 같은 기사를 적었다. "6일 동안 참호전을 끝내고 돌아온 부대의 모든 군사는 모두 불타는 투지로 가득 찼다. 전세를 묻자 장군은 그저 '독일군은 전선을 뚫을 수 없다.'라고 한마디의 말만 대답할 뿐이었다.

제대로 인생을 살려면 꿈을 꾸고 그것을 이루겠다는 의지를 다지며 사는 것이다. 지금 내가 앉을 수 있는 것은 누군가가 편하게 쉬거나 무릎을 꿇지 않고 편히 앉아서 오랫동안 무언가를 하겠다는 꿈을 꾸고 의자를 만들었기 때문에 가능한 것이다. 내가 후회하지 않고 살기 위한 첫 번째 단계는 먼저 꿈을 꾸고 그것을 이루기 위해 무엇인가 작은 것부터 시작하는 것이다.

꿈은 희망을 품고 마음과 몸을 새롭게 하고 무언가를 할 수 있도록 강하게 밀어붙이는 역할을 한다. 지금 실행하지 않으면 언제가 후회하게 될 날이 올 것이라고 일깨워준다. 그런데 꿈을 꾸면서도 스스로 이룰 수 없는 것이라 포기하려는 경우가 있다. 이것은 진정한 꿈이 아니라 망상일 뿐이다. 꿈에는 믿음과 확신이 있어야 한다. 꿈을 이루기 위해서는 명확한 목표를 설정하고 한 걸음 한 걸음 의미 있게 나아갈 강한 의지가 있어야 한다. 비전이란 이루고자 하는 미래에 대한 구체적인 꿈을 말한다. 꿈을 이루기 위해서는 무엇보다 구체적이고, 현실 가능하고 시간 설정을 분명히 해야 한다. 젊을수록 이 세상 그 무엇이든 이룰 수 있다는 꿈과 비전을 새길 수 있는 특권이 있다. 이 세상에서 자신만이 자신을 가장 알수 있다. 진정 자신이 원하는 것이 무엇인지, 잘하는 것이 무언인지, 이루고자 하는 꿈과 비전이 무엇인지 적고 그려보아야 한다. 할 수 있다면, 되도록 구체적으로 나만의 꿈 노트를 만들어보자. 지금 심어놓은 나무한 그루가 내일 편히 쉴 수 있도록 그늘을 만들어준다. 꿈 노트를 만들었으면 이제 큰 소리로 외쳐보자. 그리고 매일 꿈을 적어가며 외쳐보자. 이제 당신의 차례이다.

"나는 말의 힘을 믿는 사람이다. 한 번 말을 하고 나면 잊기 전까지 그힘이 사라지지 않음을 믿는다. 그리고 그 말에 힘을 부여하고 계속해서그 힘이 사라지지 않게 하기 위해 액자에 써서 걸어 놓거나 그에 알맞은이미지를 만들어 포스터로 제작하여 걸어놓는다."

　　　 – 김승호

06

꿈이 마치 이루어진 것처럼 행동하라

개인의 내면세계는 자기 삶에 유리하게 작용할 수도 있고 불리하게 작용할 수도 있다. 마음먹기에 따라 계속 승리하며 나아갈 수도 있고, 계속 실패를 거듭할 수도 있다. 하지만 대부분 사람은 자신에게 선택권이 있다는 걸 깨닫지 못한다. 오히려 자신의 감정의 노예가 되고 만다. 미래에 대한 두려움이나 불안에 사로잡혀 살 수도 있다.

스포츠 선수들은 시합 도중에는 부정적인 마음에 사로잡히지 않아야 한다는 것을 잘 알고 있다. 예를 들어 탁구선수들은 어떤 상황에서도 경기 내내 긍정적인 상태를 유지해야 한다. 결정적인 순간에 점수를 잃어도 실망하지 않고 다음 순간을 대비해야 한다. 그래서 거의 질뻔한 경기도 끝내 역전으로 승리를 하는 선수를 많이 볼 수 있는 것이다.

살면서 성공을 해서 날아갈 듯이 기뻐할 때도 있고 실패를 해서 죽을 만큼 고통을 느낀 적도 있을 것이다. 실패한 경험은 빨리 잊어버리고, 성공한 경험은 그때의 기분을 시간이 날 때마다 떠올려라. 그래야 내일을 기대하는 마음으로 살아갈 수 있다. 최고가 된 자기 모습을 상상하라. 자기암시는 그 힘이 엄청나다. 성공이든 실패든 마음속에서부터 시작된다. 마음속으로 최고가 된 모습을 되풀이해서 생생하게 꿈꾸라. 그렇게 할 수 있는 환경을 만들어라. 성공한 사람들이 실천하고 있는 비결이다.

어떤 분야에서든 탁월한 사람들은 어두운 내일을 생각하지 않으려 한다. 그들은 어떤 상황에 있든지 밝은 내일을 꿈꾸며 긍정적으로 생각한다. 설령 실패한다고 하더라도 실망하지 않는다. 쉽게 좌절하거나 슬픔에 빠지지 않는다. 실패도 목표를 달성하기 위해 거쳐야 할 필수코스로 생각한다. 오히려 원하는 목표를 달성하기 위해서는 하지 말아야 할 일을 한 가지 더 알게 되었다고 생각한다. 그 상황에서 최선의 것이 무엇인지 생각한다. 왜냐하면, 성공과 실패는 마음에서 비롯되기 때문이다. 실패도 스스로 실패로 여기지 않으면 절대로 실패가 아니다.

꿈은 때로 비현실적이기 때문에 여러 가지 어려움, 좌절과 고난이 다가올 수 있는 것이다. 그렇다면 고난을 극복하고 좌절을 이긴다고 꿈을 현실로 만들 수 있을까? 그렇지 않다. 꿈에 미친 사람들만이 말도 안 되는 꿈들을 현실로 만들 수 있다. 월트 디즈니가 그런 사람이다. 그는 디즈니랜드 사업을 위한 자금이 필요했다. 그는 수많은 은행과 투자회사를 방문해서 그의 사업계획을 설명했다. 수백 명의 전문가가 불가능하다고 했다. 무려 320개 이상의 은행과 투자회사로부터 거절을 당했다. 그러나 그는 결코 그의 꿈을 포기하지 않고 이렇게 외쳤다. "내 상상력이 내 꿈을 이룬다, 나는 투자를 받기로 했다. 나는 이미 디즈니랜드를 만들었다. 수많은 사람이 디즈니랜드에 몰려올 것이다!"라고 하면서 그의 꿈을 키우고 도전을 했다. 마침내 투자받고 디즈니랜드를 만든 것이다. 그는 누구보다 그 스스로가 그의 꿈을 믿고 마치 이루어진 것처럼 행동했다.

꿈을 믿고 마치 이루어진 것처럼 행동하는 사람의 가슴은 누구보다 뜨겁다. 손가락을 대면 너무나 뜨거워 '앗, 뜨거워!'하고 외칠 정도이다. 꿈을 위해서라면 어디라도 갈 수 있고, 무엇이라도 할 수 있는 사람이다. 누구라도 기꺼이 만날 수 있다. 꿈을 이루는 놀라운 힘은 바로 꿈을 향한 누구도 말릴 수 없는 열심과 행동에서 나온다.

재미 한국인 Snow Fox 그룹 김승호 회장이 그런 사람이다. 그는 회사가 한 번 더 도약하기 위한 프로젝트를 구상했다. 그 프로젝트에 '붉은 여우 생포 작전'이라 이름을 지었다. 그리고 그가 원하는 목표를 마치 영화 포스터처럼 만들었다. '붉은 여우 생포 작전'이라는 제목을 넣고, 2010년 신시내티 필름 페스티벌 최우수 작품상이라는 단어 앞뒤로 월계수 잎까지 그려 넣었다. 하단에는 감독 김승호를 시작으로 직원들 이름 앞에 각본, 촬영, 연출, 주연 등등을 임의로 적어 넣은 것이었다. 그리고 포스터를 인쇄해서 사무실 문마다 붙였다. 그는 어떤 일을 반드시 성공시키고 싶을 때마다 해왔던 일이라고 한다. 할 때마다 성공했기에 이번에도 틀림없이 성공할 것을 굳게 믿었다. 미국 전역에 300개의 매장과 일주일 매출이 100만 달러로, 연간 5,000만 달러를 달성하는 것으로 정했다. 그의 목표는 이처럼 명확하고 구체적이었다. 그가 이루고자 하는 것을 하루에 100번씩, 100일 동안 중얼거렸다. 세 가지 목표를 세운 날부터 96일째 되는 날에는 처음 사업을 시작할 때 찾아갔다가 푸대접을 받았던 회사에서 연락받았고, 같은 날 3년간 문을 두드렸지만, 미팅조차 허락하지 않았던 회사로부터 연락을 받았다. 그리고 104일째 되던 날에는 크로거 본사 부회장으로부터 직접 연락을 받았다. 버트 부회장의 방문을 받기 위해서 그는 그들의 직원들과 함께 다음과 같이 각별한 노력을 하였다.

어느 날 크로그의 딜런 회장이 16개 지역 사장과 본사 주요 임원들을 대동하고 그들의 매장이 있는 휴스턴의 한 매장을 방문한다는 소식을 들었다. 그 소식을 듣자마자 인터넷에서 크로그 본사 회장을 비롯한 임원들의 사진을 구해서 그들의 얼굴을 익혔다. 이후 크로그의 회장과 사장단들이 휴스턴의 한 매장을 방문하기 위해 그의 매장 앞을 지날 때 막무가내로 그들에게 회사소개와 함께 팜플렛을 전해줄 수 있었다. 그중에는 상당히 깊은 관심을 보이는 사람도 있었다. 하지만 대부분 그 일은 본사 부회장인 버트가 담당이라고 발뺌을 하였다. 그래서 그들에게 포기하지 않고 한 사람 한 사람 모두에게 부탁했다. 딜런 회장에게도 함께 일하게 된 것에 감사하다는 말을 새겨넣은 감사패를 드렸다. 감사패를 받은 딜런 회장은 매우 기뻐했다. 그런데 그 감사패는 하루 전날 감사패를 만드는 회사에 사정사정해서 급히 만든 것이었다.

결국, 이러한 열성에 감격한 회장과 사장들이 그의 명함을 본사 부회장인 버트에게 전달해주었던 것이다. 버트 부회장과의 미팅을 위해 철저히 사전준비를 하였다. 버트 부회장이 필요로 하는 문제를 추적하고, 온전히 그들의 관점에서 그들의 의문에 대한 답을 준비하였다. 결국, 버트 회장의 모든 의문에 확실하게 대답할 수 있었다. 또한, 그의 목표에 대해 명확하게 설명하여 버트 부회장을 설득할 수 있었다. 합의가 거의 마무리되자 미리 준비한 파란 달걀을 꺼내고 다음과 같이 말했다. "이것은 어제 아침, 내 농장에서 가져온 것입니다. 며칠간은 신선합니다. 그러나 이대로 놓아두면 썩을 수도 있고 인큐베이터에 넣으면 병아리로 부활할 수도 있습니다. 도시락 사업은 이제 막 태어난 달걀과 같습니다. 지금은 잘 되고 있는 듯하지만, 지금 관리를 하지 않으면 썩어버릴 수도 있고, 또는 거대한 사업으로 키울 수도 있습니다. 만약 이 사업을 거대하게 키우고 싶다면 이 달걀에다 서명합시다. 내가 이 달걀을 다시 휴스턴으로 가져가서 부화기에 넣겠습니다. 그리고 병아리가 태어나면 그놈을 크로거라 부를 겁니다." 부회장을 비롯한 함께 자리한 임원과 담당자들도 그 달걀에 서명했다. 당장 다음 달부터 버지니아주를 시작으로 미국 전역의 그랩앤고(grap and go) 도시락 시장을 바꾸기로 한 것이다.

이 모든 것이 이루어지는 데 넉 달도 안 걸렸다. 휴스턴으로 돌아가 달걀을 부화기에 넣기 전에 사진을 찍어 영화 포스터를 한 장 더 만들었다. 그리고 그 달걀 밑에 다음과 같이 써서 붙였다.

"Another 100 Million dollars Blue Egg."

그는 회사 목표를 수정했다. 연간 매출 1억 달러. 그리고 '붉은 여우 생포 작전' 포스터 위에는 'Mission Complete'란 글씨를 덧붙였다.

결과는 어떻게 되었을까. 매년 25%의 매출 신장이 이어지던 예년에 비해 2010년은 40%의 매출 신장을 기록했고 이듬해에는 무려 100% 이상의 매출 신장을 이루었다. 이런 일이 가능하게 된 가장 큰 이유로 1억 달러짜리 달걀이 부화하여 버지니아를 비롯한 미국 전역으로 번져간 것을 들 수 있다. 명실공히 미국 전역에 걸친 회사로 발돋움하게 되었다. 텍사스 남부의 한 도시에서 생겨난 작은 도시락 회사가 불과 3년 만에 미국

내 1위를 넘볼 정도로 성장한 것이다.

당신이 다른 사람에게 주는 만큼 받게 된다는 황금률이 있다. 꿈도 마찬가지라고 한다. 당신이 꿈을 믿는 만큼 꿈도 당신을 믿어준다. 당신이 꿈을 귀하게 대하는 만큼 꿈도 당신을 귀하게 여긴다. 앞으로 꿈을 대할 때 다음과 같이 말하자.

"무엇을 가지고 싶다." 대신 "무엇을 주셔서 정말 고맙고 감사합니다."

"무엇이 되고 싶다." 대신 "무엇이 되게 해주셔서 정말 고맙고 감사합니다."

07

절대로 포기하지 않으면 이루어진다

누구나 어릴 때 한 번쯤 꿈을 꾼 적이 있을 것이다. 그러나 그 꿈을 평생 간직하며 그 꿈을 이루기 위해 노력하는 사람은 많지 않다. 살다 보면 꿈과는 먼 현실에 좌절하며 아예 꿈꾸는 것은 사치라 여기며 꿈과는 먼 삶을 살아가게 된다. 그러나 그 꿈을 간직하며 수많은 어려움 속에서도 그 꿈을 키우고 마침내 그 꿈을 이룬 사람들도 많이 있다.

디즈니랜드 놀이동산을 세운 월트 디즈니(1901~1966)의 이야기는 가난과 역경 속에서도 꿈을 버리지 않는 모든 사람에게 희망을 심어주는 이야기이다.

월트 디즈니는 9세 되던 때부터 만화가가 되는 꿈을 꾸기 시작하였다. 그러나 그에게는 만화를 연습할 종이도 없었고 그릴 도구도 없었다. 그는 아침 일찍 일어나 신문 배달을 하고 주말에는 세차하면서 그림 그릴 도구를 샀다. 고등학교를 졸업한 후 만화가로 출판사에 취직하였으나 그림에 소질이 없다는 이유로 얼마 후 해고당하였다. 6개월이나 집세를 내지 못하여 길거리로 쫓겨났다. 1920년 그가 실패와 좌절로 갈 곳이 없어 한숨만 쉬며 거리를 방황하며 보낼 때였다. 그때 지나가던 목사님이 다가와서 물었다. "왜 그렇게 실망하고 방황하십니까?" "취직자리를 구했지만, 매번 거절당했습니다. 저는 만화를 그리고 있습니다. 만화 원고를 여러 출판사에 들고 갔지만 아무도 받아주지 않았습니다. 저는 이제 가능성이 없는 것 같습니다." "그렇다면 일자리를 얻을 때까지 교회 창고에서 지내셔도 됩니다. 사람들은 당신을 거절해도 하나님께서는 여전히 당신을 사랑하심을 잊지 마시기를 바랍니다. 때가 되면 반드시 기회를 얻을 수 있을 것입니다." 목사님은 그를 누구보다 따뜻하게 배려했다. 창고는 허름했지만, 그가 새롭게 꿈을 가꾸고 키우기에 더없이 좋은 안식처가 되어주었다. 그는 용기를 내어 열심히 그림을 그리며 기회를 잡으려 했다. 창고가 워낙 허름한지라 쥐들이 창고에서 함께 살다시피 하였다. 어느 날 귀엽게 생긴 생쥐 한 마리가 그의 앞에 오락가락하였다. 그 쥐를 보면서 자신처럼 좌절한 나날을 살아가고 있는 사람들에게 위로를 주고 재기를 향한 용기를 줄 수 있는 캐릭터로 그 쥐를 주인공 삼아야겠다고 생각하게 되었다. 그리고 캐릭터의 주인공인 쥐의 이름을 미키마우스로 지었다. 그 선택이 디즈니랜드를 빛나게 하는 미키마우스가 탄생한 배경이다. 그가 25세 되던 1925년에 월트디즈니사를 창립하였다. 그러나 얼마 지나지 않아 회사는 파산하고 말았다. 천신만고 끝에 다시 일으켰으나 그 후로도 다섯 차례나 파산하였다. 그러나 그는 뜻을 꺾지 않았다.

그는 연이은 파산의 어려움과 고난을 겪으면서도 풀 한 포기 없는 사막과 같은 황량한 땅 위에 디즈니랜드란 이름의 놀이터를 세우겠다는 꿈을 계속 키워나갔다. 사업 계획서를 작성하여 기업가들과 은행들을 찾아다니며 투자를 요청하였다. 그러나 무명의 만화가인 그의 제안을 쉽게 받아줄 사람은 없었다. 그러나 월트 디즈니는 중단하거나 포기하지 않았다. 언젠가 자신의 원대한 꿈을 이해하고 투자할 사람이나 은행이 분명히 나타날 것이란 믿음을 갖고 끈질기게 사람을 만나고 만났다. 드디어 그의 열정과 확신에 찬 신념에 감동하여 투자를 결정한 은행을 만났다. 그가 처음 계획서를 만들어 사람을 만나기 시작한 지 20년이 지난 이후였다. 그를 만난 은행의 지점장이 그의 열정에 감동해 투자하기로 했던 것이었다. 그런 열정이라면 충분히 성공할 것이라 확신을 하게 되어 투자를 결정한 것이다. 그리하여 1955년, 로스앤젤레스 외곽인 마하나님에 어린이들과 어른들이 함께 즐길 수 있는 놀이동산인 디즈니랜드가 탄생하였다. 디즈니랜드의 꿈을 꾸기 시작한 지 30년 만이었다. 지금도 디즈니랜드는 그 은행만 거래한다. 디즈니랜드가 세워지는 곳에는 그 은행의 지점이 꼭 따라다닌다. 누구도 귀를 기울이지 않던 시절에 그를 믿고 투자하여 준 데 대한 감사의 표시이다. 믿음이란 무엇인가? 어떤 난관도 좌절도 극복하여 나가는 용기이다. 그리고 믿음은 중단을 거부하는 전진이다. 그렇게 전진하는 믿음으로 수많은 일꾼이 매주 수십만 명의 관람객을 맞이하는 디즈니랜드를 이루었다.

그는 이처럼 수많은 실패와 고난을 겪었지만, 자신의 꿈을 끝까지 포기하지 않고 마침내 그 꿈을 이룬 것이다. 월트 디즈니는 꿈을 좇다 결국 쓰러져 도저히 한 걸음도 더 나아갈 수 없는 사람들의 본보기가 되었다. 그런 사람들에게 이렇게 말한다. 살면서 경험한 모든 고난과 역경이 나를 강하게 만들었다. 많은 젊은 사람들이 자신에게 미래가 없고 할 일이 남아 있지 않다고 생각한다. 그러나 그렇지 않다. 새롭게 개척해야 할 일들은 여전히 태산같이 많이 쌓여 있다. 불가능하다고 믿었던 일을 성취해내는 것은 일종의 쾌감이다. 그는 평생 하고 싶은 일을 하며 살아왔다. 하는 일이 즐거웠고 그 즐거움을 업무 시간만으로 제한할 수 없었다. 무언가를 시작하려면, 우선 행동에 돌입해야 한다. 실패했다고 결코 짜증을 내거나 실망해서는 안 된다. 일단 뭔가를 실행하겠다고 결심했다면 아무런 의심도 하지 말고 전적으로 믿어야 한다. 꿈을 현실로 만드는 것은 결국 사람이다. 꿈꿀 수 있는 것은 현실이 될 수 있는 것이다.

조앤 K. 롤링은 1966년 영국의 치핑 소드베리라는 작은 마을에서 태어났다. 그녀는 다른 아이들과 달리 상상하는 놀이를 즐겼다. "우리가 ~이 된다고 상상해보자!"라는 말을 입에 달고 다닐 정도였다고 한다. 그 후 불문학을 전공한 그녀는 일반 비서직에 취직하였으나 어릴 때처럼 항상 뭔가를 상상하며 끄적거리는 습관을 지니고 있었다. 무슨 일을 하고 있든지 늘 정신 나간 사람처럼 무언가를 상상하며 생각나는 이야기들을 쓰곤 했다. 사무실에 있을 때든지 회의를 할 때도 틈만 나면 머릿속에 떠오르는 생각들을 메모하고 타이프를 치며 업무와 관계없는 일들로 시간을 보냈다. 이런 그녀의 태도로 결국 비서로서의 업무를 감당할 수 없어 결국 그 회사를 그만두어야 했다. 그녀는 다시 맨체스터에 있는 회사에 취직해서 집과 맨체스터를 오가던 중 통근 기차 안에서 하나의 영감을 떠올렸다. 기차에 앉아 초원에서 풀을 뜯고 있는 소들을 바라보는 순간 번쩍이는 아이디어가 떠올랐다고 한다. 그 후 포르투갈로 가서 영어교사를 하였고, 거기서 결혼해서 딸 하나를 낳았지만 3년 만에 이혼하고 말았다. 이혼녀가 되어 생후 4개월이 된 갓 난 딸을 데리고 다시 영국으로 돌아왔다. 그러나 일자리를 구하지 못해 1년여 동안 생활보조금으로만 힘들고 가난하게 살아가야 했다. 하루하루 살아가기에 벅찬 배고픈 생활을 하면서 글을 계속 쓰는 것은 매우 힘든 일이었다. 무엇보다 글을 쓸 장소가 가장 큰 문제였다. 집이라고 해봐야, 찬바람만 겨우 가려주는 추운 곳이라 마음껏 글을 쓸 수 없었다. 그래서 매일 아이를 유모차에 태우고 잠들 때까지 정처 없이 거닐다 잠이 들면 글을 쓸 수 있는 카페로 향했다.

그곳에서 아기가 잠자고 있는 동안 오로지 글쓰기에만 집중하였다. 이런 어려움 속에서도 마침내 소설 하나를 완성하였다. 그녀는 출판을 위해서 두 개의 원고를 출판사에 보내야 했으나 방대한 원고를 복사할 비용이 없어 두 번이나 타이핑을 해야 했다. 이렇게 해서 1997년에 드디어 『해리포터와 마법사의 돌』이 출판된 것이다. 다행히 책이 출판되고 얼마 되지 않아 전 세계 출판사들과 출판계약을 하게 되었다. '해리포터 열풍'은 전 세계를 흔들었으며 영화로도 만들어져 더욱 유명하게 되었다. 그녀는 일약 세계적 베스트셀러 작가가 된 것이다. 그녀는 탁월한 문학성을 인정받아 마침내 2000년 영국 최고의 문학상인 '올해의 작가상'을 수상했으며, 영국 왕실로부터 작위를 받았다. 그녀는 2000년 한 해 동안 영국에서 가장 돈을 많이 번 여성으로 밝혀졌고 지금까지 그 기록은 계속되고 있다.

비록 지금 어려움과 고난을 겪고 있다고 해도 조앤 K. 롤링처럼 꿈을 포기하지 않고 계속해나간다면 언젠가 그 꿈이 이루어질 수 있는 것이다. 누구나 자기에게만 주어진 달란트가 있다. 그것을 최대한 발휘한다면 그 누구라도 꿈을 이룰 수 있다. 중단하지 않고 지속해서 자신의 꿈과 역량을 발전시키면 자기도 예측하지 못한 기적과 같은 일들이 일어나는 것이다.

지금 당신이 좋아하고 잘할 수 있는 일을 찾아 그 일에 몰두하고 나가면 기회는 반드시 찾아온다. 중요한 것은 어떤 어려움이 닥쳐도 당신만의 천재적인 재능을 찾아서 그것을 귀하게 여기며 발전시켜 나가야 한다는 것이다. 이것을 위해 맞이하게 될 고난과 좌절은 오히려 꿈을 다지는 기회가 된다. 꿈은 언제나 고난과 함께 성장한다. 그렇게 자라난 꿈은 한 줄기 바람처럼 한순간에 사라지지 않는다. 아직 꿈을 찾지 못한 것도 불행한 일이지만 이미 꿈을 찾았으면서도 눈앞에 닥친 고난으로 꿈을 포기하는 일은 더욱 불행한 일이다. 당신은 살아있는 동안에 계속 붙잡고 발전시켜나갈 꿈이 있는가? 그렇다면 지금 비록 어렵고 힘이 든다고 해도 희망이 있다. 아직 없다면 하나님이 당신에게 주신 달란트를 하루라도 빨리 찾아라. 성공자와 그렇지 못한 자의 차이는 단 한 가지다. 성공자는 하고 싶은 일을 실행한 사람이다.

5장

꿈꾸는 인생은

배신하지

않는다

01

꿈꾸는 자, 꿈 같은 미래를 만든다

　"우리가 알고 있는 과거, 현재, 미래는 착각에 불과하다." 아인슈타인이 한 말이다.

　우리는 보통 과거−현재−미래를 한 면으로만 생각하는 경향이 많다. 하버드대학에 들어간 사람과 초등학교 중퇴를 한 사람 중 누가 사회에 가서 성공할 것 같은가? 물으나 마나 하버드대학에 들어간 사람이라고 대답할 것이다. 우리는 보통 그 사람의 과거와 현재를 가지고 미래를 판단한다. 하지만 상대성이론에 따르면 그것은 오해일 뿐이다. 미래는 과거나 현재와 무관하다. 바꾸어 말하면 초등학교 중퇴생도 얼마든지 크게 성공할 수 있다.

　에디슨은 초등학교 시절 알을 품어 병아리를 부화시키려 하는 등 이런 저런 기행을 많이 하였다. 담임이 이러한 에디슨을 더는 감당하지 못하게 되어 초등학교 3학년 때 퇴학을 당했지만, 그는 세계 최고의 발명왕이 되었다. 발명왕이 되자 사람들은 에디슨은 천재라서 무엇이든지 남들보다 수월하게 발명했을 것으로 생각한다. 하지만 그의 발명품은 우리가 생각한 것처럼 그리 쉽게 발명되지 않았다. 특히 그의 발명 중에서 우리의 생활에 없어서는 안 될 백열전구의 경우 수없이 많은 실패를 거듭하였다. 무려 1,237번이나 실패를 하다 1,238번째 성공을 한 것이다. 1,237번이나 여러 재료로 반복되는 실험을 계속해서 한 것이다. 그의 좌절을 모르는 끈기와 인내심 유지는 꿈을 꾸고 그 꿈이 반드시 이루어지리라는 확신이 없이는 도저히 불가능한 것이다. 그의 발명으로 인해 우리 모두 그때 당시로 볼 때 꿈과 같은 생활을 하고 있는 것이다. 천 번의 실험에 실패했어도 그는 실패로 여기지 않았다. 그는 말했다. "나는 1,237번 실패를 한 것이 아니라, 1,237가지의 방법만으로는 할 수 없다는 것을 발견한 것이다."라고 했다. 그의 끈질긴 집념과 노력의 원천은 바로 밝은 미래를 소망하는 꿈이 있었기 때문이었다고 확신한다. 훗날 아인슈타인은 에디슨을 가리켜 '발명의 천재'라고 칭송했다. 그러나 그는 "천재는 1%의 영감과 99%의 노력으로 만들어진다."라고 했다. 꿈이 있으면 그 꿈을 위해 밤낮을 가리지 않고 노력하게 되는 것이다. 끈질긴 노력의 원천은 바로 꿈을 꾸는 힘에 있는 것이다.

당신의 꿈은 무엇인가? 정말 당신은 그 꿈에 빠질 정도로 좋아하는가? 지금, 이 순간 당신은 그 어느 때보다 자신에게 솔직해야 한다. 당신의 꿈과 전혀 상관없는 일을 하면서 진정한 행복을 느끼기 어렵다.

'할리우드의 한국인 최초 미술 총감독' 한유정 무대 디자이너는 좋아하는 일을 위해 모든 것을 포기한 사람이다. 하지만 최초라는 수식어구가 붙기까지 그녀가 얼마나 많이 피나는 노력을 했는지 생각해보아야 한다. 매사에 철저한 자기 절제와 긍정적인 마음과 신념, 열정과 꿈이 있었다고 본다. 원래 그녀는 무대 디자이너의 꿈을 가지고 있었고, 그 꿈을 따라 유학을 결심했다. 그러나 그녀의 부모님은 그녀가 결혼하고 안정된 삶을 살기를 원했다. 그녀가 유학 가는 것을 완강하게 반대했다. 그녀는 부모님의 뜻을 꺾지 못하고 우선 유학자금 마련을 위해 건설회사에 취직했다. 유학을 마음에 두고 있었지만, 직장생활도 충실히 했다. 덕분에 그녀는 직장에서 크게 인정을 받고 직장 내의 입지는 누구보다 탄탄해졌다. 초고속 승진은 시간문제였다. 예상치 못한 직장생활에서의 성공은 그녀의 꿈을 흔들었다. 사실 그녀도 안정되고 미래가 보장되는 일을 하고 싶은 마음도 있었다. 그것은 그녀에게 아주 달콤한 유혹으로 다가왔다. 하지만 그녀는 자신의 꿈을 가슴에 아주 선명하게 새기고 있었다. 그녀가 가장 원하는 삶이 무엇인지 잘 알고 있었다. 1997년 그녀는 주위의 완강한 반대를 물리치고 홀로 미국 유학길에 올랐다. 그렇게 시작한 유학 생활 두 달 만에 IMF가 일어났고 설상가상으로 기숙사에 강도가 들어와 그녀의 재정 상태는 급격히 악화되었다. 부모님은 빨리 한국으로 돌아오라고 재촉을 했다. 그러나 그녀는 학교에서 멀리 떨어진 임대료가 저렴한 곳으로 이사를 하고 할인 행사 기간에 값싼 음식을 잔뜩 사서 냉동고에 얼려 놓고 끼니때마다 녹여 먹었다.

무대 디자이너는 영화나 TV에서 배우를 제외한 전체적인 화면을 책임지는 사람이다. 보통 영화 촬영 장소에 가면 그 장소를 있는 그대로 쓰지 않고 대본에 맞게 스토리텔링을 만든다. 영화에서는 대사와 배우의 연기를 통해 스토리텔링을 하지만 무대감독의 경우는 보이는 것들을 통해서 스토리텔링을 한다. 이러한 것들을 총괄하기 때문에 어느 정도 경험과 재능도 있어야 하지만 무엇보다 이를 위한 끊임없는 노력이 필요하다. 또한, 영화 촬영 세트는 혼자서 만들 수 없는 일이기 때문에 스태프와의 소통능력이 매우 중요하다. 모든 것이 낯선 할리우드에서 그녀가 그 일을 한다고 했을 때 사람들은 그녀를 조금도 믿지 못했다. 함께 일하던 사람들조차 그녀를 신뢰하지 않았다. 영어도 서툰 동양인 여자라는 차별도 극복해야 했다. 그녀에게 쏟아지는 비난은 다음과 같은 것이었다. "네가 그 일을 잘할 것 같아? 더군다나 영어도 서툰 네가 할리우드가 웬 말이니?" 그런 소리를 들으면서도 그녀는 할리우드 최고 무대 디자이너를 꿈꾸며 하루하루 살아왔다. 그녀가 그토록 원하던 일이었기에 어떠한 것도 참을 수 있었다. 마침내 동양인 최초의 할리우드 미술 총감독이 된 것이다.

그녀는 지금 별들의 전쟁터, 모든 엔터테인먼트 시장의 최종 목표인 할리우드에서 '세트 위의 마이더스'라고 불린다. 저예산으로 최상의 세트를 만들어내는 미술 총감독 한유정! 1,000만 원짜리 세트도 그녀의 손길이 닿으면 1억 원의 세트로 탈바꿈된다. 그녀가 2001년 참여한 저예산 영화 〈베터 럭 투마로우〉는 개봉 첫 주 최다 관객을 동원했고 선댄스 영화제에 초청받기도 했다. 파라마운트, 워너브라더스, ESPN, MTV 등 기라성 같은 제작사가 함께 일하기를 바라는 할리우드에서 가장 촉망받는 미술감독 중 한 명이다.

그녀는 말한다. "한국에서 회사를 계속 다니고, 결혼했더라면 어떨까 하고 가끔 생각을 해봐요. 그랬으면 지금쯤 두 아이의 엄마, 회사에서는 부장 정도 되어있지 않을까요? 어쩌면 회사를 그만둘 수도 있었겠지요. 겉보기에는 평온하고 괜찮을 것 같아요. 그래도 가슴 한 곳에는 이루지 못한 꿈이 버티고 있겠지요. 현실에 안주했다는 것을 두고두고 후회했을 거예요. 나는 누굴까, 내가 유학 갔더라면 내 삶은 어떻게 변했을까, 지금이라도 다시 시작해볼까 하며 여러 가지 생각으로 내 안에서 갈등할지 모르겠지요."

나는 지금 내가 원하는 일을 하고 있는가. 내가 잘하고 있는가. 하지만 우리는 꿈을 찾아가는 과정에 있다고 볼 수 있다. 대부분 사람들은 그 꿈을 찾아가는 과정을 잘 생각하지 않는다. 이미 정해진 틀 안에서 살아가야 한다는 생각이 지배적이다. 몇 살까지는 대학 다니고 몇 살까지는 결혼하고 그런 규칙 안에서 살아야 한다고 생각하고 있다. 하지만 그 규칙을 벗어나도 아무런 문제가 될 것이 없다. 우리가 그것에 맞춰 살아야 할 이유가 없다. 그 누구도 내 인생을 대신 살아줄 수 없다. 부모 역시 내 인생을 대신 살아줄 수 없다. 그렇다면 오히려 내 길을 가는 것이 어렵지만은 않다. 대부분 자신이 어디로 가는지 모르기에 사는 대로 생각하는 것이다. 이제는 사는 대로 생각하지 말고 생각대로 살아야 한다. 그래야 우리가 가는 길이 어디로 가는지 알게 된다. 결국, 우리가 꿈꾸는 대로 가게 되고 꿈 같은 미래를 만들 수 있는 것이다.

당신의 꿈이 무엇인지 모른다면 우선 꿈의 타이틀을 정하지 말고 오늘 하루가 꿈인 것처럼 살면 어떨까. 그렇게 살다 보면 오늘 하루가 꿈의 타이틀을 알려줄 수도 있다. "난 무엇을 해야 할까?", "나는 누구라야 될까?", "나는 도대체 어떤 삶을 살아야 할까?" 자신에 대해 이런 궁금증이 생기기 시작했다면 바로 꿈이 시작되고 있는 증거라고 한다. 꿈은 남이 알려주는 것이 아니다. 스스로 찾아야 한다. 백화점 쇼윈도우에 전시된 물건처럼 덥석 집어 들면 후회하기 쉽다. 꿈은 내가 가지고 있는 재능으로 만들어가는 생애 최고의 작품이어야 한다. 자기 자신에게 묻고 스스로 찾은 답이라야 한다. 자기 꿈에 대해서 스스로 결정해야 한다. 그렇게 결정한 꿈을 향하여 나아가는 자에게 꿈 같은 미래가 기다린다. 꽃은 열매를 약속하고, 물이 생명을 약속하듯, 변치 않는 오래된 꿈은 당신의 미래를 새롭게 할 것이다.

02

꿈꾸고 있는 그대, 아직 청춘이다

청춘이라고 하면 왠지 패기와 힘이 넘치고 겁이 없는 것처럼 느껴진다. 그래서 모험심과 용기와 꿈이 없으면 젊은이답지 않다고 생각한다. 진정한 청춘이라면 원대하고 고매한 청운의 푸른 꿈을 가슴에 품어야 한다. 그래야 상상력이 풍부하고, 감수성이 예민하지만, 미래를 향해 도전하려는 의지를 마음껏 불태울 수 있다. 이처럼 미래를 향한 과감한 꿈과 도전 정신이 없으면 비록 육체적으로 청춘이라고 해도 진정한 청춘이 아니다. 애 늙은이다. 꿈이 없으면 생활에 활력이 없다. 어깨는 축 늘어지고 얼굴에는 생기가 사라지고, 하루하루가 너무나 힘겹다.

자신이 누구인지, 어디로 가야 할지, 무엇을 어떻게 하며 살아야 할지, 궁극적으로 무엇을 위해 살아야 할지 진지하게 물어보는 시간을 가져야 한다. 참으로 의미 있고 보람 있는 삶을 위해서 어떻게 해야 하는지 깊이 생각해보는 시간이 있어야 한다. 자신이 사는 사회나 역사에 관해서도 관심을 가져야 한다. 대학 생활이 끝나면 이런 물음을 할 기회는 많지 않다.

진정한 젊은이라면 오늘이 지구 종말이라 해도 내일을 위한 나무 한 그루 심을 용기가 있어야 한다. 청운의 꿈이 아니라도 백일몽이라도 꿀 수 있어야 한다. 세속적인 큰 성공을 추구하라는 뜻이 아니다. 평생 가도 후회하지 않을 삶을 설계해보라는 것이다. 무엇이 되었든 최고를 꿈꾸어 보라는 것이다. 저 푸른 숲의 큰 소나무가 되지 못하면 길거리의 가로수가 되어도 좋다. 파일럿이 되지 못한다면 승무원이 되어도 좋다. 해가 되지 못한다면 달이 되어도 좋다. 다만 최고가 되어야 하는 것뿐이다. 아무런 꿈이 없는 자라면 어느 것도 제대로 할 수 없을 것이다. 이미 노인이기 때문이다.

인간은 언제든지 나약해지려는 속성을 가지고 있다. '대학에 들어가면, 취직만 하면, 시간이 약이야, 인생 별거 있어, 누군가 해줄 거야, 누가 도와주겠지.' 하는 망상에 사로잡히기 쉽다. 꿈도 희망도 없는 삶은 자신뿐 아니라 다른 사람에게도 좋은 영향을 줄 수 없다. 영화 〈빠삐용〉의 주인공은 자기가 뭘 잘못했는지 끊임없이 물어본다. 그런데 그는 평생을 감옥에서 보내야 할 정도로 큰 잘못을 저지른 적이 없다고 말한다. 그러나 재판관은 답한다. 빠삐용이 저지른 죄는 가장 죄질이 나쁜, '인생을 낭비한 죄'라고. 재판관의 말에 빠삐용은 그만 고개를 떨구고 만다.

사람들은 나를 두고 아직도 꿈 타령이냐고 말할지 모른다. 지금까지 이렇다 할 꿈을 꾸어보지 못했기에 지금부터라도 꿈을 심고 가꾸어 보려고 한다. 인생은 60부터라고 하지 않는가. 인생 60부터 꿈을 꾸어도 괜찮다는 말로 느껴진다.

나도 누군가의 꿈과 희망을 위해 글을 쓰고 싶다. 어떤 희망을 전할까? 어떤 위로를 보낼까? 매일 밤 책과 씨름하고, 영혼의 우물을 길어 올리는 심정으로 따뜻한 마음을 퍼 올려 수많은 목마른 사람들에게 위로가 되고 쉼이 되어줄 수 있는 글을 썼으면 좋겠다. 나만의 꿈나무다. 부지런히 가꾸어 많은 사람의 쉼터가 되고 피난처가 되었으면 한다. 부지런히 키워서 멀리서도 볼 수 있는 나무가 되어 더 많은 위로와 힘을 주고 싶다.

"꿈이 있는 자는 늙지 않는다."라는 말이 있다. 다시 말하면 꿈이 있는 자는 언제나 청춘이라고 할 수 있다. 삶의 뚜렷한 목표가 있고 그 목표를 위해 할 일이 있는 사람이다. 그렇기에 삶에 대한 의욕이 넘치게 된다.

무엇보다 적극적으로 살아가고 있기에 젊게 보인다. 왠지 거침이 없고, 패기와 생기가 넘쳐 보인다. 성경에 나오는 갈렙은 85세에도 "이 산지를 내게 주소서" 하고 청년처럼 외쳤다. 세월이 흘러도 변하지 않는 것처럼 보인다. 소소하고 별것 아닌 것 같지만 살아야 할 이유가 있으니 삶에 재미도 느낄 수 있다. 그래서 젊어 보인다는 소리를 듣게 된다. 꽃 청춘처럼 젊고 행복하게 살아가는 것이다. 반면 꿈이 없으면 삶의 목표가 없다. 딱히 살아야 할 이유가 없다. 그래서 세월이 지남에 따라 노화가 빨리 진행된다. 매사에 의욕과 패기는 찾아보기가 힘들다. 무엇을 해도 수동적이고 자칫 부정적으로 생각하기 쉽다. 열정을 잃어버리게 되니 생기는 더욱 찾아볼 수 없다.

"꿈이 있다면 '누구나 청춘' 아닐까요?" 김동일 노인 맞춤 돌봄 생활 지원사가 한 말이다. "꿈과 적성은 청춘들의 몫이고, 나이가 들면 일을 할 수 있는 것만으로도 감사해야 하는 걸까요?" 중장년 일자리 희망센터를 통해 제2의 삶을 찾은 김동일 노인 맞춤 돌봄 생활 지원사는 나이가 들어도 "내가 좋아하는 것을 할 수 있고", "여전히 꿈을 가져도 괜찮다."라고 말한다.

비 오는 날의 수채화 같은 사람이라고 하는 김복동 할머니(가명)는 김동일 노인 맞춤 돌봄 생활 지원사가 돌보는 어르신 중의 한 분이다. 그녀는 그가 방문하는 날이면 어김없이 골목길 입구로 나와 기린처럼 고개를 쭉 빼고 기다린다. 비가 오는 날도, 땀이 줄줄 흐르는 무더운 여름 날도 한결같다. 그녀가 기다리는 제일 반가운 사람이기 때문이다. 김동일 노인 맞춤 돌봄 생활 지원사가 방문하는 날이면 집 안에서 기다리라고 아무리 말씀을 드려도 '기다리는 시간마저 즐겁다.'라고 할 정도다. 자연스럽게 김복동 할머니 댁으로 가는 그의 발걸음은 점점 빨라질 수밖에 없다. 양손에는 무겁도록 할머니께서 필요한 것을 들고 방문하신다. 그리고 할머니 건강은 어떤지, 아픈 곳은 없는지, 식사는 잘 챙겨 드시는지 확인하고, 집 안 곳곳을 살핀다. 단칸방에서 홀로 살아오신 김복동 할머니에게 김동일 노인 맞춤 돌봄 생활 지원사는 고맙고 소중한 친구다. "이 사람 만나면서 동사무소에서 처음으로 쌀을 받았는데, 방 한편에 놓인 쌀 포대를 볼 때마다 얼마나 든든하고 좋은지 몰라요. 나라에서 주는 재난지원금 받는 것도 도와주고, 전화해서 안부도 물어주고, 집에 찾아와서 내 얘기도 들어주고⋯ 최고로 고맙지 아무렴." 그는 할머니의 무미건조한 일상에 단비 같은 존재가 되었다.

그가 처음부터 노인 맞춤 돌봄 생활 지원사가 된 것은 아니다. 50대 후반, 개인 사업을 접을 때만 해도 그동안의 경험과 노하우를 디딤돌 삼아 '사회에 도움이 되는 멋진 인생'을 살 수 있을 거라 기대감에 부풀었던 그였다. 하지만 현실은 녹록지 않았다. 젊은 시절의 노력을 곧잘 증명해주던 MBA 학위가 오히려 취업 걸림돌이 되었고, 여러 번의 실패 끝에 '고졸' 학력만을 기재한 이력서로 겨우 아파트 경비원으로 취직했다. 중장년을 위한 일자리가 워낙 없다 보니, 경비원 생활, 그 자체만으로도 일할 수 있음에 감사했다. 그러나 그마저도 인원 감축으로 인해 3년 만에 종지부를 찍게 되었다. 그때는 너무나 허무하고 속이 상했다. 그즈음에 중장년 일자리 희망센터 재도약프로그램을 알게 됐다. 직업적성, 흥미검사를 통해 그의 강점이 무엇인지 보다 객관적으로 알 수 있었다. 이때부터 나이가 들어도 경력과 적성에 맞는 일을 하며 행복하게 살 수 있겠다는 자신감이 생겼다.

인생 후반부를 채워나갈 계획을 제대로 세우고 재도약프로그램 수료도 했다. 그리고 '신중년 사회공헌 활동가 강사 양성과정'에 지원했다. 그리고 얼마 안 가 청주 시내 초·중·고등학교와 지역 아동센터에서 진로 및 직업 윤리, 인성 분야 등에 대한 강의도 시작했다. 부모와의 갈등이나 진로 문제를 두고 고민하는 아이들에게 멘토 역할을 하는 것이다. 노인 맞춤 돌봄 생활 지원사와 전혀 무관하지 않다. 어르신이냐 아이들이냐, 대상만 다를 뿐 인생 고민을 함께 공유하고 해결해나간다는 점에선 똑같다.

아이들을 만날 때는 인생 선배의 마음으로, 어르신을 만날 땐 자식의 마음으로 임한다고 한다. 김동일 노인 맞춤 돌봄 생활 지원사. 96세 노모를 모시고 있다는 그는 엄마를 대하듯 그렇게 어르신들의 삶의 일부가 되어가고 있다.

그가 '노인 맞춤 돌봄 생활 지원사'에 관심을 두게 된 계기에는 아이들이 있다. 강사로 활동하기 시작하면서 아이들에게 "길을 찾는 즐거움을 함께 알아가면 좋겠다."라는 말을 자주 했다. 그러다 문득 자신의 또 다른 길은 어떤 길일까 하는 생각이 들었다고 한다. 그러다 이제 막 인생의 길을 걷기 시작한 아이들을 돌보는 만큼 고단한 인생을 걸어온 어르신들의 삶을 돌보는 것도 의미 있겠다 하는 생각에 도달했다고 한다. 곧바로 요양보호사 자격증을 취득했다. 그리고 나서 청주에 있는 사회적 협동조합 휴먼케어를 통해 65세 이상 저소득층 노인의 생활 전반을 돕는 '노인 맞춤 돌봄 생활 지원사'로 일하기 시작했다.

일주일에 한 번씩 일곱 분의 어르신 댁을 방문해 안부를 묻고 필요한 복지 서비스를 연결해주는 역할이다. 어르신들과 함께 이야기를 나누다 보면 한분 한분의 인생이 한 권의 책 같다고 한다. 그저 홀로 살다 보니 정보를 접할 기회가 적어지고, 기회가 적다 보니 사회와의 단절이 빨라지는 것뿐임을 알 수 있었다고 한다. 그 단절의 고리를 노인 맞춤 돌봄 생활 지원사가 이어주는 것이다.

그는 "긴급재난지원금 신청서류를 도와드린 어르신이, 받은 지원금으로 밥 한끼 사고 싶다며 환하게 웃던 날을 선명하게 기억합니다. 누군가와 식사 약속을 하고 밥을 사주는 것이 너무 오랜만이라서 세상에서 제일 행복하게 웃으시던 어르신. 그 작은 마음이 고마워서, 감동이라서 오래도록 어르신 곁을 지킬 생각입니다."라고 말했다.

누군가의 삶을 오래도록 지키는 것이 얼마나 아름다운가. 인생 2막, 타인을 위한 삶을 선택한 그는 여전히 꿈을 꾸고 있는 뜨겁고 아름다운 청춘이다. 늙은 나무라도 때가 되면 꽃이 피고 열매를 맺는다. 나무는 늙어서도 계속 자라고 있기 때문이다.

03

꿈꾸는 인생은 배신하지 않는다

'꿈이 준비되면 기회가 나타난다.' 나 역시 이 말에 전적으로 동감을 한다. 진정으로 꿈을 정하고 그 꿈을 위해 애를 쓰고 노력한다면 기회를 잡을 수 있기 때문이다. 비가 오면 메말랐던 땅에 싹이 나고 그 싹을 잘 가꾸게 되면 많은 수확을 얻을 수 있다. 하지만 거기에 전혀 관심이 없었다면 싹이 난 것조차 알지 못하고 결국 아무것도 얻을 수 없는 것이다. 이와 같이 우리는 스스로가 그 무엇을 가질 준비가 되어 있는지, 또 그것을 가질 만한 자격이 있는지 물어보아야 한다. 꿈을 꾸며 그 꿈을 이루기 위한 명확한 목표를 가진 자만이 기회를 잡을 수 있다.

『꿈꾸는 다락방』의 저자 이지성 작가의 이야기다. 그의 집안은 대학 때부터 기울어져 이미 보증으로 진 빚만 4억 원이었다. 어쩔 수 없이 교사 생활을 해야 했다. 월급이 모두 압류되어서 성남의 빈민가 옥탑방에서 9년 넘게 살아야만 했다. "한 집 건너 단전, 단수, 가스공급 중지 안내문이 걸려 있는 동네였다. 갚을 수 없는 빚을 지고 옥탑방에서 견뎌야 했던 밑바닥 인생, 교사 생활을 하면서 중산층 동료들에게 받은 멸시는 지금도 소름이 끼친다고 한다. 그때 그 눈빛들, 수군대는 소리, 그 비참함. 노회한 아줌마 선생님들이 잘 대해주는 척하면서 뒤에서는 욕을 하고. '쟤는 영원히 끝났다.'라는 교직 사회의 멸시는 그를 너무나 비참하게 만든 것이다. 그러나 그는 유명작가가 되는 꿈을 포기하지 않았다. 오히려 그럴수록 생생하게 유명작가가 되는 꿈을 꾸었다.

오히려 사람들에게 꿈을 이룰 기회를 주고자 10년 이상 독학해서 『18시간 몰입의 법칙』이라는 책을 쓸 수 있었다. 이지성 작가는 이 책에 만족하지 않고 거창한 꿈을 꾸기 시작했다. 미국이나, 유럽의 어느 자기계발 작가보다 뛰어난 책을 쓰기로 한 것이다. 이후 3년에 걸쳐 글을 써 마침내 2007년 5월에 『꿈꾸는 다락방』을 출간했다. 이 책은 한마디로 Realization = Vivid Dream(꿈을 생생하게 꾸면 현실이 된다. 이하 R=VD) 공식에 관한 책이다. 그는 아주 친절한 작가가 되고 싶었다. 그래서 그 공식(R=VD)을 아주 쉽게 설명한 책을 쓰고 싶었다. 그래서 그 스스로 그 공식을 제대로 이해하고 싶었고 궁극적으로 그 공식(R=VD) 전문가가 되고 싶었다. 그 이후 『여자라면 힐러리처럼』(2007), 『리딩으로 리드하라』(2010), 『독서 천재가 된 홍대리』(2011) 등의 책을 쓰고 마침내 그가 쓴 책이 200만 권 이상이 판매되는 초대형 베스트셀러 작가가 되었다.

인생을 살다 보면 갈 곳을 잃고 헤매기도 하고, 어찌할 바를 몰라 방황하기도 한다. 진퇴양난으로 절망과 좌절에 빠지기도 한다. 아무리 나쁜 상황이 닥쳐도 절대 꿈과 희망만은 버려서는 안 된다는 것만은 꼭 기억하기 바란다. 빅터 프랭클의 『죽음의 수용소』는 나치 강제수용소에서 기적적으로 살아남은 자전적 이야기다. 강제수용소라는 최악의 상황에서도 희망을 잃지 않는 사람은 살아남았고, 희망의 끈을 놓고 삶의 의미를 잃어버린 사람은 끝내 죽음을 면치 못했다는 이야기다. '아, 나는 이제 끝이야….' 하고 포기하는 사람은 죽음도 일찍 맞이하게 된다. 어떤 고난이 와도 '뭐 이런 것쯤이야, 내가 이 정도로 포기할까 봐!' 하고 다짐을 하는 사람에게 자신도 모르게 살아갈 지혜와 용기가 생긴다. 힘들고 어려울 때일수록 꿈과 희망을 잃지 말아야 한다. 계속 전진하다 보면 새로운 의욕이 생기고, 머지않아 고난에서 벗어나게 된다.

사망 선고를 받은 환자도 절망하지 않고 희망 속에 사는 사람일수록 수명이 연장된다고 한다. 심지어 완전히 회복되는 경우도 적지 않다.

"2~3개월 남았습니다." 하고 최후통첩을 받아도 희망을 버리지 않으면 1년, 2년 혹은 그 이상 사는 경우가 많이 있다. 실제로 희망이 넘칠수록 건강하고 여러 가지 질병에 대한 저항력도 강해진다는 의학적 보고도 있다. 우리의 몸은 스스로 포기하지 않고 희망을 버리지 않는 한 쉽게 죽지는 않을 것이다. 우리의 인생도 마찬가지다. 아무리 힘들고 어려운 고난이 파도처럼 밀려와도 꿈과 희망을 버리지 않는다면 얼마든지 꿈꾸는 미래를 만들 수 있는 것이다.

작은 거인으로 알려진 밀알복지재단 김해영 희망본부장은 척추 장애로 키가 134cm에서 멈추었다. 태어난 지 3일째 되는 날 아버지가 술김에 그녀를 던졌기 때문이다. 그녀는 자신이 가진 가장 약한 부분을 본인 인생의 강점으로 삼고 키가 훨씬 더 큰 사람들 사이에서 기죽지 않고 살고 있다.

경북 상주 산골에서 살다 1970년 초에 서울로 이사를 온 그녀의 가족은 지독한 가난으로 하루하루 힘들게 살아야 했다. 매끼 때우는 것조차 힘들 정도였다. 고된 시집살이로 우울증을 앓던 엄마는 매일 지겹도록 아버지와 싸웠다. 한바탕 싸움이 끝나고 아버지가 외출하면 그녀의 어머니는 2남 3녀의 맏이인 그녀를 이유 없이 때렸고 온몸은 피멍이 들었다. 아버지에 대한 분노를 조절하지 못한 탓이었다. 초등학교 2학년 때부터 그녀는 동생 네 명을 돌보며 아버지의 술 심부름 등을 하면서 집안일을 하기 시작했다. 자연스럽게 결석은 밥 먹듯 하고 학교도 겨우 다녔다. 준비물을 마련하지 못했고 육성회비도 제 때에 낼 수 없었기 때문이다. 끝이 없는 엄마의 매질은 계속됐다. 모두가 키가 작고 몸이 불편한 것을 그녀의 잘못으로 여기는 듯했다. 초등학교 5학년이 되어서야 고모로부터 장애의 원인을 듣고 알게 됐다. 고모의 걱정과는 달리 그녀는 아버지를 미워하지 않았다. 대신 그녀가 이 세상에 여자로 태어난 것과 장애인이 된 것은 그녀의 잘못이 아니라는 데 안심했다. 그리고 엄마가 무수히 던진 그 저주의 말들이 오히려 잘못된 것이란 생각을 하게 됐다. 그러면서 그녀는 그녀처럼 열악한 환경에 처한 사람을 더 잘 이해하고 그런 사람들을 위해 살아야겠다는 꿈을 꾼 것이다.

그런 꿈을 가슴에 품고 살았기에 초졸 장애인에, 월급을 겨우 3만 원 받는 식모였지만 편물기술자 〈국제장애인기능대회〉 금메달을 수상하고 철탑산업훈장을 수여받았다. 그리고 우연히 자원봉사를 위해 아프리카 보츠와나로 떠났다. 그곳 아이들이 그녀에게 "You're so beautiful!", "You're wonderful!" 하며 찬사를 하였다. 그녀가 태어나서 처음 들은 찬사였다. 그 말에 그녀의 인생이 완전히 바뀌었다. 그곳에서 14년 동안 선교사로 봉사를 한 것이었다. 그리고 미국 컬럼비아대학원 석사를 거쳐 현재 국제사회복지사로, 밀알복지재단 희망본부장으로, 케냐 주재 선교사로 살아가고 있다.

그녀의 작은 체구에서 나오는 파워 있고, 조용하지만 진정성 있는 강연은 많은 사람에게 울림을 주고 있다. 약한 사람을 함부로 대하지 않고 그들을 존중하며, 그들이 쏘아 올릴 수 있는 희망과 잠재성을 기대하도록 많은 청중에게 도전 정신을 심어주고 있다.

그녀는 "내 인생의 기쁨과 감동은 항상 고통과 고독이라는 역경을 견디고 난 후에야 하나님의 영광을 드러내며 찾아왔다."라고 말한다. 그리고 대자연 외에 아무것도 없어 보이는 아프리카의 고독 속에서 오히려 삶의 의미를 찾았다고 말한다. 고통은 인간을 성숙시키고 인내에 이르게 하고 삶의 방향을 찾도록 안내한다고 가르친다. 고통의 날들이라도 오늘을 살아 있음에 감사하며 미래를 희망하고 견딘다면 언젠가는 빅토리아 폭포 같은 가슴 벅찬 순간을 맞을 것이라고 강조한다. 그녀는 사람을 행복하게 하는 것은 생의 의미를 찾고 실천하는 것으로 생각하고 꿈을 꾼 것이다. 그런 꿈은 아무것도 없는 곳에, 고통이 있는 곳에서 오히려 더 확실히 발견될 수 있다는 것을 깨달은 것이다.

테리 폭스, 그는 1977년 뼈에 암이 생겨 다리 하나를 절단했다. 그는 그와 같이 암으로 고통을 겪는 사람들을 돕는 기금 마련을 구상하고 캐나다를 횡단하는 '희망의 마라톤'을 기획하고 캐나다 암협회에 다음과 같은 내용으로 편지를 보냈다. "나는 무작정 꿈을 꾸는 어리석은 사람이 아닙니다. 나는 달리기가 암을 낫게 한다고 믿는 사람도 아닙니다. 그러나 내가 믿는 것은 기적입니다. 그리고 나는 할 것입니다." 캐나다 암협회는 그의 편지에 냉담하게 반응했지만, 그는 하루 43km씩 143일을 뛰었다. 이 소식은 캐나다 전체를 움직였고, 전 캐나다인 1인당 1달러 모금도 실현되었다. 물론 테리는 목적지에 도착하지 못하고 달리는 도중에 쓰러져 사망하고 말았다. 달리기를 통해서 암이 치료되고 그가 살아나는 기적은 일어나지 않았지만 '희망의 마라톤'을 시작하겠다는 그의 꿈은 이루어졌다. 비록 그는 달리다 쓰러졌지만, 그의 꿈은 쓰러지지 않고 지금도 달리고 있다. 테리가 살아생전 꿈꾸었던 그 꿈이 달리고 있다.

사람에게 꿈은 잔디밭과 같다. 매일 관리를 해주지 않으면 온통 잡풀로 가득하게 된다. 당신이 늘 다니는 인생길에 큰 불편함이 없다고 해도 꿈이 없다면 앞으로는 다른 길로 가야 할 때다.

04

꿈을 이루려면 드림파트너와 함께 가라

헬렌 켈러는 1880년, 앨라배마주 터스컴비아의 한 농장에서 태어났다. 그녀는 태어날 때부터 시각, 청각 장애인이 아니었다. 태어난 지 19개월 만에 성홍열과 뇌막염에 걸려 위와 내에서 급성 출혈이 생긴 것이 그 원인이었다. 그로 인해 그녀는 볼 수도 없고 들을 수도 없는 시·청각 장애인으로 살아야 했다. 헬렌이 일곱 살 때 벨 박사는 헬렌의 부모에게 퍼킨스 맹아학교를 소개했다. 그 학교의 교장 선생인 마이클 애나그너스는 그 학교 졸업생 앤 설리번에게 헬렌의 가정교사가 되어주기를 요청했다. 앤 설리번 역시 시력 감퇴가 있었지만, 그 요청을 받아들였고 헬렌의 가정교사가 되었다. 무엇보다 자신이 겪었던 아픔을 헬렌이 경험하고 있었기에 누구보다 헬렌을 잘 이해했다. 그녀는 지속적인 관심과 애정으로 헬렌을 가르치기 시작했고 49년 동안 그녀의 동반자로서 긴 시간을 함께 하였다.

앤 설리번은 어린 시절 부모님과 동생을 잃어버렸다. 더욱이 시력조차 잃어 사물을 제대로 볼 수 없었다. 그런 그녀였지만 불굴의 의지와 노력으로 한 사람의 인생을 크게 변화시킨 위대한 스승이 된 것이다.

앤 설리번은 1866년 매사추세츠주 피딩힐스에서 태어났다. 그녀의 아버지는 알코올 중독자였고 그녀의 어머니는 결핵으로 시름시름 앓고 있었다. 이로 인해 그녀는 어릴 때부터 힘든 삶을 살아야 했다. 결국, 앤 설리번이 여덟 살 되던 해 그녀의 어머니가 세상을 떠나고, 남동생 역시 결핵으로 어머니의 곁으로 갔다.

앤 설리번 역시 트라코마 바이러스 감염으로 시력이 악화되는 일을 겪었다. 가난함 때문에 치료는커녕 어머니와 동생을 하늘나라로 보내고 빈민수용소에서 고아와 다름없는 생활을 하였다. 그 후 신부의 도움으로 보스턴 시립 병원에서 두 번의 수술을 받았으나 그녀의 시력은 온전히 회복되지 못해 사물을 흐릿하게 볼 수밖에 없었다. 그러나 이러한 상황에도 설리번은 1880년 퍼킨스 맹아학교에 입학하였다. 그때까지만 해도 앤 설리번은 거침없이 말하고, 하고 싶은 대로 행동하는 구제 불능 상태인 아이였다. 우리가 알던 인자한 앤 설리번 선생님의 모습이 아니었다. 그런 앤 설리번을 바꾸어놓은 것은 맹아학교의 '무어 선생님'이었다. 무한한 관심과 사랑으로 난폭한 그녀를 감싸주었다. 그녀 스스로 변화할 수 있도록 인내하며 지켜봐주었다. 무어 선생님의 노력과 여러 번의 수술을 거쳐 시력이 완전히 회복되었다. 그 후 앤 설리번은 완전히 다른 새로운 사람으로 변화되었다. 그녀가 졸업한 지 1년이 지난 후 퍼킨스 맹아학교의 교장인 마이클 애나그너스는 앤 설리번을 헬렌 켈러의 교사로 추천하였다. 그 당시 앤 설리번의 나이는 겨우 스물한 살이었다. 이렇게 어린 앤 설리번이 일곱 살의 헬렌을 처음 만났고 볼 수도 들을 수도 없는 아이를 '미국 여성 명예의 전당'에 이름을 올리는 훌륭한 사람으로 만들어냈다. 볼 수도 없고 들을 수도 없었던 중증장애인 헬렌 켈러! 그녀는 앤 설리번과 같은 훌륭한 스승을 만났기에 이와 같은 장애를 극복하고 위대한 업적을 남긴 것이다.

부유했던 헬렌 켈러와는 정반대로 어릴 때부터 가난과 시각장애로 고통을 받아야 했던 앤 설리번, 그녀는 어떻게 훌륭한 스승이 될 수 있었는가? 그녀 곁에도 그녀에게 무한 사랑과 인내로 그녀를 가르친 무어 선생이 있었기 때문이다. 앤 설리번에겐 무어라는 훌륭한 스승이 있었고 그분에게서 사랑과 인내를 배웠다. 그것을 헬렌에게 실천한 것이다.

나의 과거를 되돌아보면 나만의 꿈을 가져본 적이 없는 것 같다. 초등학교, 중학교 땐 아무 생각 없이 지냈던 것 같다. 고교 땐 대학에 진학하는 것이 꿈이고, 대학을 졸업할 무렵엔 서울대학원이나 한국화학연구원에 들어가는 것이 꿈이었다. 다행히 연구원에 들어가게 되었고 연구원에 가서는 유학해서 박사학위를 받는 것이 꿈이었고, 후에는 교수가 되는 꿈을 꾸었다. 그런데 유학 가서 공부를 하다 보니 평생 몸 바쳐 연구해야 할 분야는 아닌 것 같아 석사학위만을 받고 한국으로 돌아왔다. 꿈보다는 건강이 우선이었다. 건강이 없으면 꿈이 아무런 소용이 없어 보였기 때문이다. 그 뒤로 취직을 하고, 취직해서는 승진하는 것이 꿈이었는데 뜻대로 되지 않았다. 원하는 곳으로 이직하려고 하려니 박사학위가 필요했다. 다행히 회사의 배려로 직장을 다니며 마음껏 공부할 수 있었고 목표를 이루었다. 직장에 오래 다니는 것이 꿈이 되어 대학으로 오게 되었다. 뒤돌아보면 내가 걸어온 길이 평탄하고 쉬운 듯 보일지 모른다. 그렇지만 나에게는 쉽지만은 않은 길이었다. 많은 사람의 도움과 배려가 있었기에 가능한 일이었다.

　꿈에 한 발 더 다가가기 위해 경력사원으로 이직하려면 실력만으로 되지 않는다. 무엇보다 아는 사람이 있으면 회사를 옮기는 것은 그만큼 수월하다. 어느 나라이든 신입사원 때는 실력과 태도가 무엇보다 중요하다. 그러나 경력직으로 이직하려면 평판과 인맥이 더 크게 작용한다. 고위직으로 갈수록 더욱 그렇다. 같은 실력이라면 인맥이 넓고 영향력이 있는 사람들을 얼마나 알고 있느냐가 중요하다. 그에 따른 이직을 위한 시간이나 노력도 그에 비례해서 작아진다. 직장 내에서의 평판도 같다. 사내 생활에서의 평판은 직장생활 수명연장에 필수적인 무기다. 직장 내에서 인정받고 핵심 인물이 되려면 누구나 이런 필수 무기를 마련해야 한다. 나만이 가지고 있으면서 얼마든지 요긴하게 사용할 수 있는 무기. 그래야 무슨 일이 닥칠 때 다른 누군가와 교환되지 않는다. 그저 며칠만 배우면 만들 수 있는 그런 가벼운 무기만으로는 불황이 닥칠 때 대량 해고의 무서운 전장에서 살아남을 수 없다. 그 무기는 반드시 기능적인 면만 있는 것이 아니다. 관계적 슈퍼무기다. 그런 무기를 가지고 있으면 이직도 쉽다. 관계적 무기뿐 아니라 탁월한 업적이나 실력이 있으면 더 말할 필요도 없다.

기업의 CEO로서는 회사에 절대적으로 영향을 미칠 수 있는 주요 거래처나 고객 등과 긴밀한 관계를 맺고 있는 사람에게는 절대로 함부로 할수 없다. 자칫 그 직원과 함께 거래처들이 없어지거나, 그와 함께 일하는 직원들까지 데리고 나갈 수 있기 때문이다. 그래서 직장인뿐만 아니라 꿈꾸는 자들이라면 평소에 관계적 필수 무기를 잘 만들어놓는 것이 중요하다. 오늘날 경쟁 사회에서 인간관계는 노력한 만큼 그 열매를 거둘 수있는 큰 자산이 된다. 더군다나 꿈을 꾸는 자들이 자칫하면 직장생활에 소홀하기 쉬운데 직장생활에 성공해야 자기의 꿈을 이루는 데도 더 가까이 갈 수 있다.

걸어온 발자취를 뒤돌아보며 누가 진정 나의 멘토였는지 생각해본다. 안타깝게도 지금까지 내가 멘토로 삼고 언제나 달려가서 내 인생 문제를 털어놓고 마음껏 이야기할 수 있는 분은 없다. 나 역시 누군가에게 진정한 멘토가 되지 못한다. 그러나 지금까지 나의 삶에도 보이지 않게 멘토가 되어준 분들이 너무나 많다. 무엇보다 가족이다. 나의 어머님, 형님, 누님, 아내, 지금은 자녀들까지 나의 멘토가 되어주고 아낌없이 응원해준다. 그리고 소중한 친구가 있고, 나를 가르쳤던 목사님, 선생님, 교수님, 직장 상사분들이 계신다. 그리고 내가 읽었던 책의 저자들이 나에게 보이지 않은 드림파트너들이었다. 그들이 나에게 이래라저래라하진 않았지만 뒤돌아보면 모두가 나에게 스승이었고 멘토였다. 그리고 나에게는 하나님이 계신다. 내 마음이 무엇이든 솔직하게 털어놓고 필요할 땐 언제든 달려가서 울기도 하고 떼를 쓰기도 한다. 지금까지의 나의 삶은 하나님께서 인도해주신 결과이다. 그 누구도 예외일 수 없다. 다만 하나님을 느끼느냐 그렇지 않은가의 차이일 뿐이다.

세상에는 수많은 꿈이 있고, 그 꿈에 따라 수많은 일이 펼쳐진다. 하지만 안타깝게도 많은 사람이 그 꿈을 가두어놓고 펼치지 못하고 있다. 자신의 가능성과 잠재력을 깨닫지 못하고, 스스로 실패자로 무능한 자로 여기고 꿈을 숨기고 있다. 무엇보다 그 꿈을 펼쳐줄 누군가의 도움이 필요하다. 그 꿈을 마음껏 펼치게 할 사람을 만나야 한다. 사람들을 격려하고, 위로하고 꿈을 향해 마음껏 달려갈 수 있도록 길잡이가 필요하다. 누구든지 자신의 꿈이 이루어지기까지 자신의 재능과 더불어 그것을 개발하고 아낌없이 후원해주는 멘토의 사랑과 지도가 필요한 것이다. 어쩌면 이 글을 읽고 있는 당신도 그런 사람이 필요할지도 모른다.

꿈을 꾸고 이루어가기 위해서는 어느 한 개인만을 멘토로 삼기는 어렵다. 롤모델이 될 수 있지만, 절대적으로 한 개인의 모든 문제를 해결하고 해답을 제시할 수 없다. 앤 설리번이 헬렌 켈러에게 준 그런 헌신과 희생은 좀처럼 찾기 어렵다. 그와 같은 스승을 만나는 것은 무엇보다 행운이다. 하지만 책을 통해서 얼마든지 좋은 스승이 되어주고 드림파트너가 되어줄 사람을 만날 수 있다. 그 가운데서 꿈을 이룬 사람들을 철저히 연구하고 공부하라. 꿈을 이루기 위해 누가, 무엇을, 어떻게 했는지 상세하게 파악하라. 그리고 당신의 마음에 와닿는 분이라면 직접 연락하고 찾아가 만나볼 수 있다. 그렇게 해서 평생 좋은 관계를 맺고 도움을 받고 도움도 줄 수 있다. 비록 거절당하더라도 당신의 꿈을 위해서라면 그런 노력은 얼마든지 필요하다.

학생들을 가르치고 지도하는 것이 나의 업무 중의 하나이다. 수업 첫 시간에는 수업내용과 함께 수업 진행방법에 대해 오리엔테이션을 한다. 그리고 반드시 독서의 중요성과 함께 꿈과 희망을 강조한다. 짧은 시간 이지만 학생들에게 큰 도전이 되고, 학생들이 평생 자신감을 가지고 꿈을 향해 달려갔으면 하는 바람 때문이다. 물론 학생들만 가르치지는 않는다. 나는 누굴 만나든 언제나 꿈과 희망을 나누고 싶다. 이 세상 모든 사람이 꿈과 희망을 품고 밝은 내일을 꿈꾸며 살아간다면 얼마나 좋을까 하고 생각한다. 적어도 내가 만나는 사람이라면 모두가 그랬으면 좋겠다. 나에게는 그것이 꿈이다. 나 역시 끊임없이 배워야 하고 성장해야 하는 이유가 그것이다. 이것은 절대로 나 혼자서 되는 일이 아니다. 나와 같은 꿈을 꾸는 자들을 만나기 위해 부지런히 책을 읽어야 하는 이유가 여기에 있다.

05

꿈은 성공, 성취, 성찰, 성장의 언어다

꿈이란 개인마다 그 기준이 다르다. 각 개인의 타고난 재능과 자라난 환경, 나이, 직업, 사는 곳, 종교 등이 사람마다 다르다. 그러니 꿈꾸는 것도 개개인의 차이가 날 수밖에 없다. 이 책에서 말하고자 하는 꿈에 대한 사전적 의미는 '실현하고 싶은 희망이나 이상'이다. 그래서 어떤 사람에게는 꿈이지만, 어떤 사람에는 전혀 꿈이 될 수 없다. 예를 들어 집 없이 떠돌아다니는 사람에게는 우선 거처할 곳을 마련하고 궁극적으로 집을 소유하는 것이 꿈이 될 수 있다. 그러나 일반적으로 집을 소유하고 있거나, 언제든지 집을 소유할 능력을 갖춘 사람에게는 꿈이 될 수 없다.

지금 대한민국에서 살아가는 우리에게 집 없이 떠돌아다닌다는 것은 정말 비참할 수밖에 없다. 사업이 망했거나, 부모를 잘못 만났거나, 여러 이유가 있을 수 있다. 특히 살을 도려내는 듯한 추운 겨울에 집이 없어 떠돌아다니는 사람에게는 따뜻한 방 한 칸 소유하는 것이 그야말로 꿈이 될 수밖에 없는 것이다. 대부분 사람에게 방 한 칸 갖는 것이 꿈이라고 한다면 모두 코웃음을 칠 것이다. 그러나 추위에 떨어야 하는 사람에게는 방 한 칸이 너무나 절실할 것이다.

꿈은 지문과 같은 것이다. 세상에 수많은 사람이 살고 있지만 똑같은 지문을 가진 사람은 없다. 비슷한 지문은 있겠지만 완전히 똑같은 지문은 없다. 사람마다 손의 모양과 크기가 그야말로 제각각이기 때문이다. 사람마다 눈, 입, 코, 얼굴의 모양과 크기도 천차만별이다. 한사람이 태어나기까지 그야말로 수만 가지 환경이 다르기 때문이다.

꿈도 역시 마찬가지다. 우리의 신체가 사람마다 모두 다른 것처럼 꿈의 모양도 역시 천차만별이다. 한사람에 대해 성공이란 그에게 가장 적합한 꿈이다. 이 때문에 꿈을 만들 때 처음부터 나와 격차가 많은 대상을 닮고 싶어 하거나 혹은 멘토로 삼는다면 별 의미가 없게 된다. 나다움을 찾고 그 꿈을 매일 조금씩 키워가다 보면 어느 순간 내가 처음 예상했던 것과는 완전히 다른 방향으로 갈 수 있기 때문이다. 누구를 지나치게 닮고 싶어 하는 사람은 꿈을 이루기 위한 모든 과정을 최소화하고 싶어 한다. 멘토의 탁월한 가르침을 통해 최소의 시간으로 꿈을 달성하고 싶어 한다. 그래서 누구나 그런 사람을 찾는 것이다. 꿈에 따라 좋은 멘토가 꼭 필요한 예도 있다. 노래, 피아노, 바이올린 등의 악기 연주도 그렇고, 피겨 스케이팅 등의 스포츠처럼 고난도의 기술이 필요한 경우도 마찬가지다. 이와 같은 분야에 꿈을 가지고 있는 사람들이라면 태어날 때부터 탁월한 재능이 있다고 해도 어느 경지에 이를 때까지는 훌륭한 멘토가 필요하다. 이를 위해서 때로는 많은 돈이 필요하다. 원하는 꿈마다 그 꿈에 이르는 방법과 비용이 다르다. 한가지 공통점이 있다면 많은 사람에게 정신적으로 힘을 주고 위로를 주는 멘토가 필요하다는 것이다. 직접 만나지는 못해도 얼마든지 만나는 방법이 있다. 바로 책이다. 꿈에 한 발 다가서기 위해 나에게 힘을 주고, '나도 할 수 있겠구나.' 하는 자신감과 지혜를 주는 책은 얼마든지 있다. 그런 책 속에서 내가 원하는 진정한 멘토를 만날 수 있다. 이들은 누구에게나 다가가 변하지 않는 길잡이가 되어준다. 어쩌면 가장 값싼 비용으로 최대의 효과를 얻을 수 있는 일이 바로 책 읽기일 것이다.

내 꿈을 오랫동안 가꾸고 키우려고 한다면 내 안에 이와 같은 스승을 많이 두어야 한다. 때로 나의 꿈에 꼭 맞는 지혜도 가르쳐준다. 그래서 내가 흔들릴 때마다 나를 일으켜주고 세워주고 그 꿈을 향하여 계속 가게 만든다. 꿈에 이르기 위해서 끊임없이 묻고 반성하는 그런 성찰의 시간을 통해서 스스로 성장해야 한다.

나에게 가장 많은 영향을 주는 책은 성경이다. 성경을 통해 하나님께서는 끊임없이 나를 지도하고 이끌어주신다. 내가 많이 넘어지고 쓰러져도 여전히 나와 함께하시고 세상 끝날까지 함께하시겠다고 하신다. 물론 내가 바라는 모든 것을 허락하지는 않으신다. 그러나 내가 실망하거나 좌절하거나 우울해하지 않도록 늘 내 마음을 잡아주신다. 나뿐만 아니라 성경을 통해서 수많은 사람이 하나님을 만나고 하나님으로 인해 참된 소망과 위로를 받는다. 말씀이 곧 하나님이시기 때문이다. 다음은 내가 특별히 좋아하는 성경 구절이다.

"내 형제들아, 너희가 여러 가지 시험을 당하거든 온전히 기쁘게 여기라. 이는 너희 믿음의 시련이 인내를 만들어내는 줄 너희가 앎이라. 인내를 온전히 이루라. 이는 너희로 온전하고 구비하여 조금도 부족함이 없게 하려 함이라. 너희 중에 누구든지 지혜가 부족하거든 모든 사람에게 후히 주시고 꾸짖지 아니하시는 하나님께 구하라. 그리하면 주시리라. 오직 믿음으로 구하고 조금도 의심하지 말라. 의심하는 자는 마치 바람에 밀려 요동하는 바다 물결 같으니 이런 사람은 무엇이든지 주께 얻기를 생각하지 말라. 두 마음을 품어 모든 일에 정함이 없는 자로다."(야고보서 1:2~8)

나 역시 물론 성경만 읽지는 않는다. 그 밖에 수많은 주옥 같은 책들이 많이 있다. 자기의 꿈을 가꾸고 이루기 위해서는 스스로 자기에게 맞는 책들을 찾아 읽어야 한다.

꿈은 성공과 성취일 뿐만 아니라 그 꿈을 이루어가는 과정에 필수적으로 따르는 성장과 성찰 언어가 되는 것이다. 진정한 성공과 성취를 위해서는 반드시 성장과 성찰의 과정을 거쳐야 성숙한 꿈의 사람이 되는 것이다. 설사 성공하지 못해도, 성취를 못 해도 꿈을 이루는 과정에서 성장과 성찰이 이루어진다면 그 사람의 꿈은 언제나 그 안에서 반짝이고 있는 것이다.

나는 지금까지 큰 성공이나 성취를 하지 못했다. 한마디로 성공이나 성취를 위해 피눈물 나는 노력을 하지 않는 것은 사실이다. 나름대로 애를 써왔고 치열하게 살아왔다. 나 자신이 무언가 큰 성공이나 성취를 이루지는 못했지만, 지금 내가 살아가고 있음에 무한한 감사를 한다. 내가 깨달은 것이 한 가지 있다면 현재를 만족하지 못하면 무엇을 이루거나 성취를 해도 만족하지 못한다는 것이다. 내가 무엇을 이루고 성취를 했을 때의 기쁨은 잠시다. 그것만을 위해 밤낮 가리지 않고 노력하고 노력해서 성취하고 성공했다고 치자. 그 힘든 만큼 그 기쁨 또한 클지 모른다. 그러나 그 기쁨은 오래가지 못한다. 힘들게 이룬 성공과 성취를 지키기 위해 또 다른 문제들이 앞을 가로막고 있기 때문이다. 내가 목표한 그 이상을 얻기 위해 더 애를 쓰고, 현재를 희생할지도 모른다. 그러므로 꿈을 향해 나아가는 사람이라면 밤낮 노력하면서 힘이 들어도 내가 이루고자 하는 꿈이 마치 이루어진 것처럼 언제나 기뻐할 수 있어야 한다. 꿈을 성공이나 성취로만 바라보지 않아야 하는 이유다. 성공이나 성취를 기준으로 해서 꿈을 바라본다면 많은 사람이 실망할 수밖에 없다. 나보다 더 좋은 직장, 더 많은 연봉, 더 높은 지위와 권력을 가진 사람들이 너무나 많다. 나보다 돈이 많은 사람, 더 유명한 사람 등과 비교하기 시작하면 나 스스로가 작아지고 위축될 수 있기 때문이다. 돈이나 지위나 권력보다 내가 더 중요하다. 내가 주인이 되어야 한다. 내 꿈을 더욱 가꾸고 꽃을 피우기 위해서는 삶에 대한 가치관을 새롭게 해야 한다.

꿈을 이룬다는 말은 결코 사회적으로 큰 성공을 하는 것만을 의미하지 않는다. 무엇보다 당신이 좋아하는 일 그 자체만으로도 보상을 받을 수 있어야 한다. 화려한 스포트라이트나 트로피가 없어도 스스로 만족하고 행복할 수 있고 진정으로 자아를 실현할 수 있는 그런 일도 얼마든지 꿈이 될 수 있다. 꿈의 본질은 그 꿈을 통해 보람과 가치를 느낄 수 있는 것 그리고 내가 진정 원하는 것에 있다.

좋은 직장에 취직하지 못했다고 해서 혹은 많은 돈을 벌지 못했다고 해서 꿈이 사라지거나 잘못된 것은 아니다. 꿈의 생명은 내가 나를 어떻게 생각하고 있는가에 비례한다. 내 안에 꿈틀거리고 있는 꿈을 귀하게 생각하면 조금 느리더라도 절망하거나 불안하지 않다. 주변에서 아무리 환호성을 질러도 내가 위축될 일이 없다. 반대로 내가 아무리 화려한 업적을 이루었어도 나 스스로 내 꿈에 대한 자부심이 없으면 그 업적은 구석에 쌓인 먼지와 같은 것이다. 성실하게 내 꿈을 가꾸고 자라도록 하는 꿈의 주인이 될 것인가를 먼저 진지하게 고민해야 한다.

꿈을 꾸는 사람이라면 현재의 부족한 모습보다 계속 성장하는 모습에 집중해야 한다. 현재 주변의 인정이나 박수갈채보다 미래의 성숙한 자기 모습에 집중해야 한다.

06

지금은 꿈꾸기에 가장 완벽한 시간이다

당신의 꿈은 무엇인가?

"하루하루가 힘들고 고달픈 날들인데 꿈은 무슨 말인가요? 나에게 꿈은 사치입니다. 꿈 같은 것은 애초에 꾸지 말아야 하는 것 아닌가요? 지금은 꿈을 생각할 여유가 없어요. 시간이 좀 더 필요해요…."

자신의 꿈에 다가서지 못하거나, 성공하지 못하는 사람들을 좀 더 자세히 살펴보면 대부분 나중으로 미루는 습관이 있다. "이다음에 돈이 생기면….", "이다음에 좀 더 여유가 생기면…." 등 이런저런 핑계와 구실을 말하면서 꿈과 멀리 떨어져 있다. 평범한 사람들이라면 '이다음에'라는 말은 꿈에 관한 합리화를 대변하는 말이다. 자신의 꿈과 성공은 자신과 거리가 먼 이야기로 간주하며 아예 포기하며 살아가고 있는 것이 현실이다. 아마 당신도 마찬가지인지도 모르겠다. 다음으로 미루는 것에 익숙해져서 지금 바로 시작하면 오히려 낯설고 어색하지 않을까 한다. 그러나 평범한 삶에 만족하지 않는다면 이제 이와 같은 습관은 과감히 내려놓아야 한다. 당신은 굳이 평범한 사람들이 살아가고 있는 범주에 갇혀서 살아갈 필요는 없다. 오늘과 다른 내일을 기대한다면 당신은 그들과 다르게 살아야 한다. 우선 그들이 '이다음에' 하고 말할 때 당신은 '바로 지금부터'라고 말하고 곧바로 움직여야 한다.

나 역시 '이다음에 하면 되지….' 혹은 '언젠가는 나도….' 하는 마음으로 미루고 살아왔다. 솔직하게 말하면 내 꿈이 무엇인지 정의하지도 않고 또 막연하게 '이렇게 해야지.' 하고 살아왔다. 한마디로 목표도 정하지 않았다. 어제와 달라진 모습이 없이 그저 나이만 먹고 얼굴에 주름살이 늘고 머리카락은 대부분 빠지고 세월의 흔적만 내 얼굴에 확연히 나타나서 나는 그동안 무엇을 했는가 하는 의문을 늘 가지고 있었다. 그래서 몇 년 전부터 내 꿈을 정하고 실천하기로 했다. 그래서 우선 내가 먼저 실천해야 할 사항을 정했다. 내가 무엇을 하든지 가장 중요한 것은 건강이다. 건강이라면 '모든 면에서 건강'해야 한다. 즉 육체적, 정신적, 사회적 건강이다. 우선 육체적 건강을 위해서 매일 만 보 이상 걷는다. 그리고 좀 더 나아가 팔굽혀펴기 등의 운동을 매일 꾸준히 하고 먹는 음식도 내 몸에 맞는 건강한 음식을 먹으려고 한다. 정신적 건강을 위해서 우선은 성경을 읽고 매일 교회에 가서 기도한다. 그리고 여러 가지 책을 통해서 편협된 생각에 사로잡히지 않도록 노력한다. 사회적인 건강을 위해서 내 주위의 사람들과 좋은 관계를 맺으려고 노력하고 필요시 정기적인 만남도 가지고 때로는 지갑도 먼저 연다. 그다음으로 경제적 자유다. 경제적인 자유란 직장생활을 통한 월급이 아니더라도 생활에 지장이 없을 정도의 경제적 여유를 말한다. 직장을 다니고 있는 한 경제적 생활에 큰 문제는 없지만, 당장 직장을 그만두면 여러 가지로 불편하게 될 것이다. 그래서 나름대로 공부를 하고 직장을 그만두어도 안정적인 수입이 생기도록 노력하고 있다. 마지막으로 삶을 통해서 얻은 지혜를 여러 사람과 함께 공유하는 것이다. 내가 잘나서가 아니라 내가 살아오면서 도움이 될 만한 내용을 타인과 함께 나누는 것이다. 그러면서 나도 배우고 성장하여 성숙하게 되는 것이다. 그야말로 나이가 들어가는 것이 늙어가는 것이 아니라 익어가는 것이 되도록 만드는 것이다. 그중의 하나가 '책 쓰기'이다. 지금 내가 이 글을 쓰고 있는 목적이고 이유이다. 나에게는 이와 같은 것이 아직은 꿈이다. 매일 매일 이들 목표에 다가가기 위한 행동을 하며 살아가고 있다. 이렇게 '이다음에'라는 생각과 행동을 버리고 '바로 지금부터'라는 적극적인 생각으로 실천하다 보니 조금씩 그 결과가 나타나기 시작했다. 이다음으로 미루었으면 언제 이루어질지 모를 꿈이 현실로 다가오는 것을 확신한다.

이 모든 것이 하루아침에 이루어지지는 않는다는 것을 알고 있다. 그러나 내가 원하는 목표를 적고 매일매일 들여다보며 실천하는 것이 중요하다. '바로 지금부터' 당신이 먼저 해야 할 일은 당신의 꿈을 적고 그 꿈을 이루기 위한 목표와 행동할 내용을 적어보는 것이다. 그리고 그 꿈이 마치 이루어진 것처럼 상상하고 말하고 행동하는 것이다.

'뚝심 대장', '인간 발전기'로 불리는 김영식은 천호식품의 오너 회장이다. 그는 한때 현금 보유 기준으로 부산에서 100위 안에 드는 부자였다. 하지만 비전문분야에 무리하게 투자하여 IMF 때 완전히 망해버렸다. 졸지에 빚쟁이로 전락해 한 끼 밥값이 없어 소주 한 병에 소시지 하나로 허기를 달래고, 강남역 지하도에서 전단을 돌리기도 했다. 지금은 많은 사람에게 알려진 유명한 회사를 소유할 정도로 사업을 키운 그가 다시 일어설 수 있었던 데는 자신이 처한 현실을 비관하지 않고 살아남아야겠다는 절실함이 무엇보다 큰 역할을 했다. 절망하지 않고 할 수 있다는 긍정적인 마음으로 '회사를 다시 일으켜 세워야겠다.'라는 목표를 가지고 그 목표를 향해 민첩하게 행동을 했기 때문이다.

김영식 회장의 말이다. "옛 중국의 시에 '화무십일홍(花無十日紅)', 즉 열흘 붉은 꽃이 없다는 말과 같이 인생은 훌쩍 지나가버리고 만다. 아침에 게으른 사람은 석양에 바쁘게 마련입니다. 먼 훗날을 기약하고 웅크리고 앉아 있어서는 안 됩니다. 내일로 미뤄서는 안 됩니다. 지금 해야합니다. 지금요! 저의 생활 슬로건은 '생각하면 행동으로!'입니다. 생각을 머릿속에 담아두고 있지 않습니다. 반드시 행동으로 옮깁니다. 그것도 생각한 즉시 말입니다. 그래서 생각이 그리 탁월하지 않았지만, 바로바로 행동으로 옮기다 보니 조금씩 더 진보할 수 있었고, 돌아보니 어느새 만리장성을 쌓게 된 것입니다. 물론 생각을 즉시 행동으로 옮기면 실패할 확률도 상당히 높습니다. 그렇다고 생각만 거듭한다면 결국 세월만 죽이고 맙니다. 홈런 칠 생각을 하시고 있나요? 일본 국가 대표 감독을 지낸 왕정치는 현역 시절 홈런왕이었습니다. 그의 기록을 눈여겨보십시오. 홈런왕인 그는 삼진 아웃의 기록 보유자이기도 합니다. 미국의 홈런왕 배리 본즈도 삼진 아웃에 관한 한 선두 자리를 빼앗기지 않은 사람입니다. 우리나라 장종훈 선수도 홈런왕이었지만 역시 최다 삼진 아웃의 주인공이었습니다. 베이브 루스도 마찬가지고요. 이처럼 홈런 많이 때리면 삼진 아웃을 각오해야 합니다. 삼진 아웃이 두려워 방망이를 휘두르지 않으면 홈런을 칠 수 없고, 안타도 칠 수 없습니다. 지금 방망이를 휘두르십시오. 그것이 성공의 가장 빠른 길입니다. 생각하면 행동으로 지금 당장!"

지금 당장 실천하지 못하는 이유는 그 꿈을 이룰 자기 확신이 없기 때문이다. 그런 사람은 대부분 타인을 너무 많이 의식하고, 체면을 먼저 생각한다. 그리고 실행에 옮길 용기도 없다. 어떤 새로운 아이디어를 실행하려면 상당한 용기와 담대함이 필요하다. 그리고 실패를 해도 그것에 대한 책임을 질 줄 알아야 한다. 꿈을 이룬 사람들을 보면 아이디어는 단순해도 용기, 배짱, 자기 확신, 실패를 두려워하지 않는 불굴의 의지가 평범한 사람들보다 크고 강하다.

당신도 '언젠가는 해야 하지.'라고 늘 마음에 담아두고 있다면 망설이지 말고 시작하라. 언젠가는 해야 할 말이라면 참지 말고 하라. 실수 때문에, 두려움 때문에 하고 싶은 일을 하지 못한다면 아무것도 하지 못한다. 무엇을 해도 제대로 해낼 수 없다. 젊을 때의 고생은 돈 주고도 못 산다는 말이 헛된 말이 아니다. 지금부터라도 피하지 말고 억지로 참지도 말라. 어차피 겪어야 할 고생이라면 한 살이라도 젊을 때 하루라도 빨리 시작하라. 나이가 들어 하는 고생은 젊을 때 겪는 고생보다 몇 배 힘들고 고통스럽다. 어쩌면 뼈에 사무칠 정도로 힘이 들 수 있다. 지금이 바로 움직일 때이다. 책을 통해 지식적으로 안다고 해서 되는 것은 아니다. 행동이 따르지 않은 지식은 아무런 쓸모가 없다. 테니스를 못 하는 사람이 테니스를 배워야 하는데 이론만 가지고 테니스를 잘할 수 없다. 컴퓨터, 운전, 동영상 제작을 배워야 하는데 아무리 강의를 듣고 관련 책을 보고 지식적으로 많이 알아도 직접 해보지 않으면 잘할 수 없다.

무엇보다 꿈만 꾸지만 말고 그 꿈을 위해서 지금까지 배운 것들을 바로 실행해야 한다. 특별한 왕도가 없다. 스스로 좋아하는 것이어야 한다. 그 속에 몰입해서 자기의 꿈을 그려가야 한다. 더 이상 머뭇거리지 말고 당장 시작하라. 늦었다고 생각하지 말라. 지금이 가장 완벽한 시간이다. 꿈을 꾼다는 것은 생각만 하는 것이 아니다. 그 꿈을 위해 행동을 취하는 것을 말한다. 누구나 그 꿈을 실현할 수 있는 잠재력을 가지고 있다는 것을 잊지 말라.

07

오늘의 나는 눈물겹지만 내일의 나는 눈부시다

독일 출신의 헨델은 어려서부터 음악적 재능이 뛰어났지만 음악가의 길을 반대하는 아버지 때문에 법학과에 진학했다. 법률을 배우면서도 음악 공부를 게을리하지 않았던 헨델은 오페라 극장의 바이올리니스트로 취직하면서 오페라 작곡에 관심을 가지기 시작해 오페라 작곡가로 이름을 알렸다. 헨델은 1726년 영국으로 귀화하였다. 왕실에서 지원을 받는 왕립음악아카데미의 총 책임자가 되어 왕과 귀족을 위한 오페라 작품을 만들고 오페라 극장을 운영했다. 하지만 차츰 왕과 귀족의 취향에 맞춘 이탈리아어 오페라 대신 시민을 위한 영어 오페라의 인기가 높아지자 결국, 시대의 흐름을 따르지 못한 그는 극장 문을 닫고 파산하고 말았다. 설상가상 반신불수의 중풍으로 쓰러지고 말았다. 이러한 실패와 좌절 속에서도 헨델은 오라토리오를 통하여 많은 사람에게 감명을 주었다. 오라토리오는 오페라와 다르게 무대 설치나 동작 등이 필요 없는 음악으로 공연 준비 시간이 짧고 비용이 적게 든다는 특징이 있다. 마침내 헨델은 오라토리오 〈메시아〉를 완성하였다. 예수 그리스도에 관한 내용으로 전곡을 연주하는 데 무려 두 시간이 넘게 걸린다. 1743년에 런던의 코벤트가든 왕립 오페라 극장에서 연주할 때 국왕 조지 2세는 너무나 크게 감동하여 자리에서 일어나 감상했다고 전해진다. 지금도 그것이 유래가 되어 메시아 연주 중 '할렐루야 코러스'가 연주될 때 청중들은 모두 기립하여 감상한다. 헨델은 원래 사람의 마음에 즐거움을 주기 위해 작곡한 것이 아니라 실패해서 낙담에 빠진 사람들을 위해서 작곡한 곡이다. 헨델은 메시아 공연으로 인한 모든 수익을 사회에 기부하였다고 한다.

그의 음악은 후대 음악가인 베토벤, 하이든에게도 많은 영향을 미쳤다. '메시아'는 고난과 결핍으로 인해 태어난 대작이다. 이처럼 고난과 결핍은 오히려 기회가 된다. 사람을 움직이고 희망을 주는 메시지는 고난 속에서 아름답게 피어난다. 고난 가운데서 우리는 자신을 돌아보게 되고 겸손하게 만든다. 그런 가운데 자신의 잠재력이 발휘되고 엄청난 가능성을 발견하게 된다. 지금 당신은 눈물겹도록 어려운 상황 가운데 있는가.

그렇다면 당신에게 잠자고 있는 보물 같은 놀라운 능력이 발휘될 때이다. 절대로 절망하지 말라. 새로운 기회는 고난 뒤에 쉽게 찾아오는 법이다.

요즈음 특히 코로나19 팬데믹으로 사업이 부도나서 실망과 한숨의 나날을 보내는 사람들이 많이 있다. 아무리 노력을 해도 삶이 더 나아지지 않고 낙심으로 지내는 사람들이 늘어나고 있다. 취업에 필요한 스펙을 쌓고 취업지원서를 수십 군데 넣었지만 돌아오는 건 불합격 통지서뿐이라 어쩔 줄 모르고 실망하고 있는 청춘들도 많이 있다. 하고 싶은 일은 많은데 사회에서 인정받지 못하고 한숨만 쉬는 사람들도 많이 있다. 모든 것을 체념한 채 방황하고 있는 사람들 많이 있다. 반면 이처럼 눈물 나는 오늘이지만 용기를 내고 계속 도전하는 사람들도 많이 있다. 그래서 새로운 일자리를 얻고 부도난 사업이 회복되고 잃어버린 꿈을 찾고 웃음을 찾는 사람들도 많다. 앞길이 전혀 보이지 않던 막막한 순간에도 새로운 길을 찾고 이마에 땀을 흘리며 살아가는 사람들도 많이 있다. 만약 당신이 지금 좌절과 고난 가운데 있다면 꿈을 이루고 성공한 사람들의 이야기를 찾아보라. 한결같이 꿈을 이룬 사람들의 어제는 모두 한때 눈물겨웠다는 것을 알게 될 것이다. 눈물과 땀을 삼키지 않고 꿈을 이룬 사람들은 거의 없다는 것도 깨닫게 될 것이다.

『희망은 또 다른 희망을 낳는다』, 『나는 희망의 증거가 되고 싶다』라는 두 권의 책 저자로 잘 알려진 희망연구소 소장 서진규 박사는 1948년 경남 동래군의 어촌 마을에서 엿장수의 딸로 태어났다. 제천으로 이사해 동명초등학교와 제천여중을 졸업하고 상경, 풍문여고를 마친 뒤 사촌 언니를 따라 종로에 있는 가발공장에 취직한 것이 1967년, 그녀의 나이 열아홉 살 때였다. 1971년 식모살이하러 갈 사람을 구한다는 이야기를 듣고 미국으로 건너가 식당 웨이트리스를 하며 다하지 못한 공부에 대한 열정을 불태우기 시작했다. 1975년 결혼을 하고 이듬해 3월에 딸 성아를 낳았다. 그러나 그해 11월 9일, 순탄치 않은 결혼생활을 피해 미 육군에 자원 입대, 딸 성아를 데리고 미국과 한국, 독일, 일본 등지를 돌며 근무했다. 그녀의 이력만 보아도 얼마나 고단하고 눈물겨운 삶을 살아야 했는지 알 수 있다. 이 모든 역경을 이겨내고 1987년 1월, 14년간 무려 다섯 개 대학을 옮겨 다닌 끝에 학사 학위 취득. 1990년 마흔둘이라는 나이에 하버드대 석사 과정에 입학, 1992년 봄에 하버드대 국제외교사와 동아시아언어학 박사 과정에 합격. 1996년 11월 소령으로 전역한 후 하버드대 대학원 국제외교사와 동아시아언어학과에서 박사학위를 받았다.

그녀는 남자도 견뎌내기 힘든 군대 생활을 시작하면서 많은 눈물을 흘려야만 했다. 무엇보다 체력도 안 되고, 정신적으로 버티기 힘들었던 그때, 그녀는 '오늘의 나는 눈물겹지만, 내일이면 눈부시게 훌륭한 사람이 될 것'이라고 스스로 자신을 격려했다. 그녀는 자신이 되고 싶은 모습을 생생하게 그리면서 자신에게 다짐했다. 이와 같은 꿈을 향한 행동에는 자신의 딸에게만은 가난과 차별을 물려주지 않겠다는 강인한 의지가 숨어 있었다. 눈물겹도록 힘들고 어려운 고난 가운데서도 '차별 속에서 꿈과 희망을 잃어버린 사람들에게 희망이 되겠다'는 결심이 그녀로 하여금 계속 도전하게 만든 것이다.

꿈을 이룬 사람들은 남의 말에 쉽게 일희일비하지 않는다. 그들은 타인의 생각은 타인의 생각일 뿐 그 이상도 이하도 아니라는 자세를 취한다. 죄책감, 수치심, 민망함, 발끈함은 본능적 감정이 아니다. 스스로 선택할 수 있는 감정들이다. 이와 같은 감정에 사로잡히지 말자. 내가 선택하지 않으면 나를 사로잡지 못하는 것들이다. 무엇보다 꿈을 이루는 데 방해가 되는 감정들이다. 다만 오늘 내가 바닥에 있다고 할지라도 내 안에 꿈과 희망이 있는 한 눈부신 내일을 기대할 수 있는 것이다.

앨런 피즈와 바바라 피즈는 관계학 분야에서 가장 성공한 작가이다. 그들은 과거 한때 『보디랭귀지』의 후속 저서들과 TV 시리즈, 다큐멘터리 등의 작품에서 대성공을 거두었다. 그래서 호화주택, 고급 사양의 차, 유람선 등의 호화스러운 삶은 물론이고 화려한 명성과 영광을 누리며 살았다. 그러나 그들이 믿었던 사업 파트너의 잘못으로 인해 모든 것을 한꺼번에 잃고 말았다. 전 재산은 물론 자존심까지 모두 날아가버렸다.

한동안 누려왔던 부와 명성이 하루아침에 무너진 것이다. 그뿐만 아니라 수백만 달러의 빚까지 떠안게 되었다. 이로 인해 말로 할 수 없는 비참함, 우울증과 싸우며 빚을 갚아나가야 했다. 결국, 스트레스로 인해 암에 걸리고 말았다. 그러나 그들은 이 모든 난관을 극복하고 다시 해냈다. 그 누구도 해낼 수 없는, 불가능하다고 하는 일을 꿈꾸었다. 그들은 그들이 그때까지 이룬 성공보다 더 크게 성공하겠다고 결정했다. 방법은 몰랐지만 해야 할 것만 하기로 정했다. 그중 한 가지가 수백만 부씩 팔리는 책을 여러 권 쓰기로 한 것이었다. 한 마디로 초베스트셀러가 되는 책만을 쓰기로 했다. 독자들이 기꺼이 지갑을 열어줄 그런 주제를 다룬 책들만 쓰겠다고 결정했다. 그렇게 명확하게 목표를 정하고 나자 그 목표에 맞는 주제를 찾을 수 있었다. 바로 사람들에게 필요한 책을 쓴 것이다. 그리고 그들은 비즈니스 견지에서, 재정적 차원에서 모든 결정을 내렸다. 단순히 작가의 차원이 아니라 사업가가 되겠다고 결정한 것이었다. 새로운 목표와 계획을 노트에 글로 옮겨 확실하게 못 박았다. 어디에서, 언제까지 할 것인가를 명확하게 계획하고 그대로 실행으로 옮겼다. 결국, 그들이 목표한 이상으로 모든 것이 이루어졌다. 그 후 10년 동안 그들은 책을 2천만 부 이상 판매했고, 전 세계 54개 언어로 번역 출판했고, 7종의 책이 베스트셀러가 되었다. 판매 부수로 볼 때 논픽션 분야에서 세계 1위, 전 분야의 기준으로는 해리 포터의 저자 J. K. 롤링에 이어 세계 2위의 저자가 되었다. 그리고 그들은 10년 동안 유명가수처럼 전 세계를 누비며 다녔다. 그들이 새로운 목표를 세우고 마음에 그렸던 삶이 그대로 현실이 되었다. 그런데 그와 같은 꿈을 이루는 과정에서 파죽지세로 승승장구한 것만은 아니라는 사실을 명심해야 한다. 그들이 목표로 삼고 시도한 것의 20%만 이루어졌다는 것을 잊지 말아야 한다. 그들이 시도한 80%는 아무런 성과도 내지 못했다. 그런데 그들이 그때마다 실망하고 좌절하고 눈물만 흘렸더라면 어떻게 되었을까.

이제 60대 초반으로 접어든 나도 나름대로 크고 작은 시련과 어려움을 겪었다. 하지만 지금까지 살아오면서 깨달은 것이 있다. 살다 보면 항상 좋은 일만 있는 것은 아니란 것이다. 기대한 일들이 뜻대로 되지 않을 때도 많고, 믿었던 사람이 등을 돌리며 뒤에서 험담하며 상처를 주기도 했다. 하지만 불행한 일이 닥쳤을 때는 머지않아 좋은 일이 반드시 찾아온다는 것을 믿었다. 원치 않은 시련과 역경은 생각하기에 따라 불행의 시작이 될 수도 있고 희망의 시작이 될 수도 있다. 위기는 기회라는 말을 절대적으로 믿는다. 위기 속은 추운 겨울 꽁꽁 언 땅속과 같은 것이다. 봄이 오면 땅이 녹고 파릇파릇 새싹을 피우고 꽃을 피울 씨앗이 숨어 있는 땅속과 같은 것이다. 당신이 바로 그 씨앗임을 잊지 말아야 한다. 혹 당신이 지금 눈물겹도록 어렵고 힘든 상태에 처해 있는가. 그렇다면 "이제 다시 시작이야!"라고 외치며 눈부시게 빛나는 내일을 향해 도전하기를 바란다.

08

꿈꾸는 인생이 행복한 인생이다

누구나 행복을 꿈꾸며 살아간다. 대부분 사람에게 물어보아도 살아가는 목적이 행복이라고 할 것이다. 어쩌면 지금 행복하지 않다고 인정하는 것이기도 하다. 내일의 행복을 위해 지금의 행복을 잊고 사는 것이 아닌가 한다. 한때 행복에 관한 책들을 사 모았다. 왠지 내가 우울해지거나, 답답할 때 읽어보면 도움이 될 것으로 생각했다. 모두 읽어보지는 않았지만, 그 책들을 통해 더 행복하지는 못했다. 책만으로 행복을 얻기에 한계가 있다는 것을 알았다. 행복이란 마음속에 희망이 가득할 때 느낄 수 있다. 비록 지금은 어려움과 고난 가운데 힘들어해도 내일을 기대할 수 있다면 고난은 별것이 아니다. 하지만 아무리 애를 쓰고 노력해도 밝은 내일을 기대할 수 없다면 항상 고달프기만 하고 한숨만 나올 수밖에 없다. 밝고 희망찬 내일은 누구도 보장하지 못한다. 자신만이 그것을 꿈꾸고 가꾸어야 한다. 마치 열매를 맺는 과수도 씨앗이 심어져야 싹이 트고 뿌리가 자라고 동시에 가지도 뻗고 잎도 생기고 마침내 꽃을 피우고 열매를 맺듯이 우리의 삶에도 희망의 씨앗을 뿌려야 한다. 가장 좋은 씨앗이 바로 꿈이다. 꿈이라는 씨앗을 뿌리지 않고서는 밝은 내일을 꽃피우기 어렵다.

꿈이 있는 사람이 그 꿈을 끄집어내볼 때의 마음은 어떨까? 가슴이 설레고 힘이 들 때 자기 자신을 일으켜 세워줄 그런 것이길 바랄 것이다. 그런 꿈이 이루어질 수 있도록 우선 자신이 할 수 있는 작은 일부터 실행하는 데 힘을 써야 한다. 우리는 꿈에만 갇혀 살 수도 없고 현실을 떠나 살 수도 없다. 그러나 현실 너머의 세계를 바라보며, 새로운 희망이 춤을 추게 하고 그 꿈이 현실이 되는 경험을 자주 해야 한다. 꿈이 굳어지면 생각이 굳어지고 몸도 굳어지게 되고 희망도 사라져버린다. 지나간 날에 머물지 말고 새로운 감각으로 미래를 향해 나아가는 것이다. 꿈이 그대를 흔들고, 세월을 잊게 할 수 있다. 그래서 무엇이든지 새롭게 시작할 수 있다. 나의 꿈을 지지해주고 응원해줄 사람이 있다면 더더욱 힘을 받고 행복할 수 있다.

리처드 라이더와 데이비드 샤피로의 『마음이 가리키는 곳으로 가라』의 프롤로그에 나오는 말이다.

"무엇이 되고 무엇을 갖는 것은 꿈이 아니다. 그건 단지 목표이거나 수단일 뿐이다. 몸이 꾸는 꿈과 마음이 꾸는 꿈은 같지 않다. 내 생각엔 무엇이 되거나 무엇을 가지는 것이 아니라, 그것으로 인생을 어떻게 살 것인가 하는 게 바로 꿈이다."

그렇다. 원하는 목표를 달성하면 무엇을 할 것인지, 그 꿈의 끝은 무엇인지를 생각해야 한다. 그 꿈의 종착역은 자기 자신에게만 머물지 않고 이타적으로 흘러야 한다. 타인의 행복과 삶, 타인의 꿈과 연결되어야 한다. 그것이 바로 아름다운 삶이고 꿈 같은 삶이다. 삶에도 삼류, 이류, 일류가 있다면 바로 일류가 되는 삶이다. 현재 받는 월급을 위해서도 열심히 잘해야 한다. 그러나 그것이 전부가 아니다. 내가 일하고 받은 월급을 보다 의미 있게 사용하고, 내가 가진 재능과 지식과 시간을 아름답게 나누는 일, 그런 실천이 가능하다면 나의 존재감도 높아진다. 어제 내가 꿈꾸었던 내가 오늘의 나이다. 오늘 꾸는 꿈이 내일의 나를 창조한다. 꿈이 위대하면 그 인생도 위대하게 되고, 꿈의 의미가 깊으면 그 인생도 의미가 깊어진다. 위대한 꿈, 의미가 깊은 꿈은 무엇일까? 그것이 이루어지면 나는 물론 주위 많은 사람에게 더 큰 유익을 주는 것이다. 더 나아가 나에게는 별 유익이 없어도 다른 사람에게는 희망이 되는 것이다. 그러기 위해서 나를 비우고 나를 낮출수록 다른 사람을 더 많이 일으켜 세우게 되는 것이다. 그것으로 세상이 아름답고 행복하게 되는 것이다. 그것이 바로 위대한 꿈이며, 의미가 깊은 꿈이다.

사람들은 꿈을 위한 목표를 세우고 그 꿈을 향해 나아가는 길은 직선거리로 생각한다. 중간에 큰 장애물이 없을 것으로 생각하기 쉽다. 그러나 현실은 전혀 그렇지 않다. 꿈을 위한 목표에 다가가기 위한 길은 전혀 딴판이다. 목표를 이루기 위한 길은 수많은 우여곡절과 장애물이 있다. 전혀 예상하지 못했던 반전이 있고, 함정이 있을 수 있다. 상황이 어떻게 전개될지, 어느 방향으로 가야 하는 것이 옳은지 전혀 알 수 없을 때가 많다. 간절히 원하는 것이라 믿고 출발했는데, 어느 정도 앞으로 가다 보면 그것이 아니란 것도 알게 된다. 그 반대로, 의도적으로 적지 않았던 것이 새로운 꿈의 목표로 나타나기도 한다. 실행해보기 전에는 어떤 목표가 어떤 경험을 하게 할지 알 수 없다. 그래서 꿈을 위한 목표는 많을수록 좋다. 간절히 원하는 목표든 단순히 취미에 불과한 목표든 목표는 많으면 좋다. 목표를 달랑 한두 개 가지고 시작을 했는데 모두 맞지 않는다면 실망하기 쉽다. 목표를 여러 개 이상 가지고 있으면 그중의 하나가 맞지 않는다고 해도 남은 몇 개를 바라보며 미래를 향해 힘차게 나갈 수 있다.

대부분 사람은 지금보다 더 행복하기를 바란다. 어떤 꿈을 향하여 가든지 행복과 성공으로 가기를 바란다. 행복을 위해서라면 꿈이 이루어질 때까지 기다릴 필요가 없다. 시간은 충분하다. 경제적인 자유가 생길 때까지 기다릴 필요도 없다. 매일 작은 성취를 음미하고 오늘 계획한 일을 하면 당신의 꿈은 이루어진 것과 마찬가지다. 그때마다 기뻐하고 즐거워하면 된다. 수많은 목표를 달성하기 위한 과정에서 작은 성취를 할 때마다 느껴지는 행복과 성취감을 놓쳐서는 안 된다.

꿈을 이룬 사람들을 살펴보면 대부분 똑똑하고, 창의적이고 유능하다. 하지만 이와 같은 특징은 그들이 꿈을 이루는 데 꼭 필요한 결정적인 요소가 아니다. 유전이라는 요소는 단지 출발점일 뿐이다. 대다수 꿈을 이룬 사람들은 별로 좋지 못한 환경에서 시작했다. 부족한 상황에서의 출발이 꿈을 이루는 완벽한 바탕이 되어주기도 한다. 바닥에서 시작하면 조그만 성취를 즐길 기회가 많아진다. 꿈을 포기하지 않고 계속하려면 조그만 성취를 정기적으로 이루어야 한다. 피아노를 배우려고 하면 쉬운 곡부터 연주하면 즐겁다. 코딩을 배울 때도 쉽고 단순한 프로그램을 만들어 작동하는 것을 보면 즐겁다. 이처럼 작은 성취는 즐겁다. 꿈을 향하는 길은 멀고 험하지만 조그만 성취를 맛보는 기쁨이 있으면 행복하게 꿈으로 향하게 된다.

미국의 한 시골에 살던 모제스 할머니는 평생 농촌에서 살았다. 그런 그녀가 72세가 되던 해 갑자기 그림을 그리기 시작했다. 정규 미술 교육을 받은 적이 없었던 할머니는 풍경과 사람들의 일상을 그렸다. 그녀의 그림을 우연히 보게 된 한 수집가가 그녀의 그림을 정식으로 미술계에 데뷔시켰고 뉴욕에서 전시회를 하게 했다. 그녀의 그림을 본 많은 사람이 그녀의 그림을 좋아했다. 그녀의 그림은 미국과 유럽을 비롯한 전 세계에 전시되었다. 대통령의 초청을 받아 백악관에 방문할 정도로 유명해졌다. 101세의 나이로 세상을 떠날 때까지 무려 1,600여 점의 그림을 남겼다. 일흔을 넘어서야 그림을 그리기 시작했지만, 그녀는 죽을 때까지 그림을 그리는 한 행복했다. 일흔이 넘어도 꿈을 꾸고 그 꿈을 이루기 위해 사는 삶이 얼마나 행복한지 잘 알고 있었기 때문에 주위의 따가운 시선이나 쑥덕거리는 소리를 무시했을 것이다.

사람들에게는 무언가 대단한 일을 하고 싶다는 꿈이 마음 한쪽에 숨어 있다. 흔히들 야망이라고도 한다. 그런데 많은 사람은 자기 삶에서 진심으로 원하는 것이 무엇인지 알지 못한 채 살아간다. 그래서 대부분 직장생활은 활력이 없고 오히려 감옥같이 느낄 수도 있다. 그렇게 하다 퇴직하다 보면 아무런 희망도 품지 못하고 그저 그렇게 쓸쓸한 노년을 살아갈 수 있다. 나는 어떤 사람이 되기를 바라는가?

미국 UCLA 대학의 두뇌 연구소 학자들은 인간의 창조력은 무한하다고 주장한다. 인간의 두뇌는 정보나 영상을 새롭게 만들고 저장하는 용량이 수천만 대의 컴퓨터보다 크다고 한다. 우리의 뇌는 우리가 상상하는 데 한계가 없다. 그러니까 꿈을 마음껏 꾸어보자.

당신도 꿈을 실현하기 위해 작은 목표를 설정하고 그것들을 이루기 위해 노력해보라. 목표들을 이루고 나면 꿈이 현실로 되었다고 당당하게 고백할 것이다. 꿈을 꾸어야 성공도 한다. 성공한 사람들은 모두 '상상가'들이다. 진심으로 꿈이 이루어지기를 간절히 원하고 그 꿈을 위해 행동을 하는 사람에게는 행복한 날도 더 많이 쌓이게 된다. 꿈을 꾸고 가꾸는 사람은 정원에 꽃을 심고 그 꽃들이 필 때마다 즐거워하고 행복해하는 사람과 같다. 정원을 아름답게 만드는 과정에서 소소한 행복을 누리는 것과 같은 것이다.